KB044346

밤에 일하고
낮에 쉽니다

밤에 일하고 낮에 쉽니다

2019년 10월 27일 초판 1쇄 발행
2024년 2월 1일 초판 2쇄 발행

지은이   정인성
펴낸이   김은경
펴낸곳   ㈜북스톤
주소   서울특별시 성동구 성수이로7길 30, 2층
대표전화   02-6463-7000
팩스   02-6499-1706
이메일   info@book-stone.co.kr
출판등록   2015년 1월 2일 제 2018-000078호

ⓒ 정인성
(저작권자와 맺은 특약에 따라 검인을 생략합니다)
KOMCA 승인필
ISBN 979-11-87289-71-5 (03190)

북스톤은 세상에 오래 남는 책을 만들고자 합니다. 이에 동참을 원하는 독자 여러분의 아이디어와 원고를 기다리고 있습니다. 책으로 엮기를 원하는 기획이나 원고가 있으신 분은 연락처와 함께 이메일info@book-stone.co.kr로 보내주세요. 돌에 새기듯, 오래 남는 지혜를 전하는 데 힘쓰겠습니다.

내 일을 나답게 하는 법,
책바 이야기

정인성 지음

밤에 일하고
낮에 쉽니다

넉스톤

밤에 일하고 낮에 쉰다는 이야기는
일하는 방식뿐 아니라 전반적인 삶의 변화를 의미합니다.

아침형 인간에서 새벽형 인간으로
하루를 보내는 시간이 달라졌습니다.
누군가와 함께 있는 시간보다
혼자 보내는 시간이 많아졌습니다.
인간관계가 정리되고 새로운 인연이 생겨났습니다.
무엇보다도, 자율적으로 일하는 즐거움을 알게 됐습니다.

좋아하는 것들을 꾸준하게 지켜낸 끝에 내 일을 찾았습니다.
물론, 고민과 성찰은 여전히 진행 중입니다.

밤에 일하고 낮에 쉰다는 이야기에는
스스로의 삶을 디자인하는 여정이 담겼습니다.

목차

2부 — 책바를 열었습니다

3부 — 나답게 일하다

4부 — 나답게 산다

프롤로그

　지난 설 당일 부모님 댁에 갔다. 내가 사는 집에서 차로 15분밖에 걸리지 않는 거리지만, 일이 바쁘다는 핑계를 대며 한 달에 한두 번 방문하는 게 고작이었다. 그날도 점심만 먹고 오후에는 출근해야 하는 상황이라 마음의 여유는 많지 않았다.

　부모님은 오랜만에 온 아들을 위해 정신없이 식사 준비를 하셨다. 아버지는 밥과 반찬을 담을 그릇을 세팅하시고 어머니는 냉동실에서 막 꺼낸 전을 부치셨다. 고소한 기름에 데워지는 전 냄새가 참 좋았다. 어렸을 적 즐겨 먹던 동그랑땡 생각이 났다.

　식사 후 손이 향한 곳은 태어날 때부터 중고등학교 시절까지의 사진을 모아둔 앨범이었다. 마치 프루스트의 소설 《잃어버린 시간을 찾아서》의 마들렌처럼 고소한 전 냄새에 이끌린 것이었을까.

오랜만에 펼쳐든 앨범은 신선한 충격을 줬다. 어머니가 굉장한 기록광이었다는 사실을 새삼스레 알 수 있었다. 사진 곳곳에 포스트잇으로 붙여둔 메시지가 있었는데, 그야말로 애정이 꾹꾹 담겨 있었다. 요즘으로 말하자면 인스타그램에 #육아스타그램 해시태그를 달아 올릴 만한 것들이었다. 이런 어머니라면 분명 인스타그램 인플루언서가 됐으리라. 그런 생각에 미소지으며 앨범을 들춰보다가, 어느 사진 앞에서 몸이 굳어버렸다. 두세 살쯤으로 보이는 리틀 정인성이 책과 그림을 들고 있었고, 옆에는 이런 메시지가 적혀 있었다.

'일찍이 책과 그림에 관심이 많은 아이, 열심히 너무 좋아했다.'*

중간부터 긋기 시작했던 선이 비로소 시작점을 찾은 느낌이었다. 과거에 했던 일과 지금 하고 있는 일, 그리고 (머릿속으로만 상상해봤던) 앞으로 하고 싶은 일에 대해 스스로 납득하게 된 순간이었다. 몇 시간 뒤 출근해야 한다는 부담감은 잠시 내려둔 채, 그동안 잊고 있었던 내 모습들을 하나둘

---

* 현장감을 위해 어머니가 쓰셨던 그대로 썼다.

마음에 담았다.

　바빴던 명절 운영을 마치고 돌아오는 새벽 퇴근길은 생각보다 피곤하지 않았다. 따뜻한 물로 평소보다 긴 샤워를 마친 후 책상에 앉아 노트북을 펼쳤다. 그리고 점들을 하나씩 이어 하나의 선으로 만들어봤다. 부족한 암기력을 만회하기 위해 직접 홈페이지를 만들었던 기억, 소개팅 자리에서 당당해지려고 다짜고짜 도전했던 1인 창업, 그리고 20대를 의미 있게 마무리하고 싶다는 일념으로 3개월 만에 완성했던 독립출판물까지. 당시에는 사소한 마음으로 움직였던 행동들이 지금의 나에게로 고스란히 이어져 있었다.

　우리는 롤모델이 없는 세상에 살고 있다. 일에 대한 욕구는 점점 다변화되는데, 길을 먼저 걸은 사람은 잘 보이지 않아 스스로 개척해야 하는 상황이다. 가만히 서서 중심을 잡는 것만도 쉽지 않은데 방향을 잡고 앞으로 나아가야 한다. 심지어 일을 하면서 원래의 자신을 점점 잃어버리기도 한다.

　회사에 다니던 5년 전 어느 날, 답답한 마음에 같은 층에 근무하는 선배 몇 명을 붙잡고 물었다. 몇 년 후의 내 모습이라 할 수 있는 그들은 어떤 마음으로 회사를 다니고 있는지 궁금했다. 하지만 대답은 답답함을 더할 뿐이었다. 대부분 먹고살기 위해서, 가족을 부양하기 위해서라고 했다. 물론 먹고살기 위해 일하는 것은 당연하다. 인간의 가장 원초적인 삶의 이유이기 때문이다. 하지만 그중 한 명이라도, 자아를 펼치기 위해서라거나 일하는 게 재미있어서라고 답해주길 내심 기대했던 것 같다.

나는 본능적인 욕구 충족을 넘어, 일에서 재미와 의미도 함께 느끼고 싶었다. 누군가는 너무 낭만만 좇는다 할 수도 있겠지만 내 마음이 그랬다. 그래서 직장을 보는 프레임을 바꿔보기도 하고, 직장생활의 스트레스를 지혜롭게 발산하는 방법을 찾고자 노력했다. 퇴근 후에는 행복한 삶과 일에 대해 고민하며 다이어리에 브레인스토밍을 하기도 했다.

그 결과, 지금의 일을 찾아 하는 중이다. 스스로도 신기한 건, 이 일을 시작한 지 4년이 지난 요즘도 출근하는 발걸음이 가볍다는 점이다. 긴 휴가의 막바지에는 어서 돌아가 일하고 싶다는 변태 같은 생각을 하기도 한다. 그렇다면 일에 대한 나의 고민은 이제 종착역에 다다른 걸까? 아니다. 여전히 진행 중이다.

일희일비하는 일상은 늘 곁에 있다. 후회하는 순간이 한 차례도 없었다면 명백한 거짓말이다. 과거의 선택을 수시로 반추하기도 한다. 하지만 한 가지 확실한 것은 그 과정에서 스스로가 어떤 목소리를 내는지 들으며 움직였다는 점이다.

이 책의 이야기는 크게 세 가지다. 세상에 존재하지 않던 '책과 술을 함께 즐기는 공간'을 만들도록 이끈 과거, 혼자서 오픈을 준비하고 4년 동안 운영해온 현재의 삶, 그리고 앞으로의 일을 바라보는 마음가짐. 즉 '요즘 시대의 일과 삶'에 관한 내 나름의 현재진행형 이야기다. 고민과 시행착오가 늘 함께했던 여정에 대해 모두와 이야기 나누고 싶다. 시대의 흐름에 흔들리지 않고 자신의 목소리에 귀 기울이며 나아갈 수 있도록.

1부

내 일을 찾다

누가 시켜서 하는 일 또는 어쩔 수 없이 하는 일이 아닌, 내 욕구로 추동된 일을 시작하고 차츰 완성해가는 과정, 그래서 나름의 결과물을 만들어내는 과정은 내 삶의 주체가 바로 나라는 자신감을 선물해줍니다. 그 과정들이 꼬리에 꼬리를 물며 이어지다 보면, 지금과는 조금 다른 일상을 열어주기도 하죠.

《일상기술연구소》. 제현주 & 금정연, 어크로스 펴냄

1장

나를 알기 위한 탐색과 실험의 역사

나의 20대는 내가 어떤 사람인지 알려는 시도로 가득 차 있다. 20대를 맞이했을 때 나는 스스로가 어떤 사람인지 잘 모른다는 사실부터 받아들여야 했다. 중학교와 고등학교 공부는 결국 입시 준비에 불과했지 나에 대한 고민은 아니었기 때문이다. 그래서 나의 20대는 나를 알기 위한 탐색과 실험의 역사가 되었다.

약점 극복 프로젝트

대학을 다니며 가장 먼저 인정해야 했던 것은 결코 뛰어

나다고 볼 수 없는 암기력이었다. 그전에는 내가 암기력이
별로라는 사실을 잘 몰랐다. 재수하면서 문과로 전과해 수능
을 쳤는데, 어쩌다 국사에서 만점을 받은 것이 화근이었다.
심지어 마지막 문제는 시간이 부족해서 감으로 찍었는데 하
필 정답이었고, 덕분에(?) 넘치는 자신감을 얻어 사학 전공
을 선택했다. 하지만 대부분의 사학과 시험은 잘 외운 뒤 그
것을 논리적으로 풀어내는 능력이 중요했다. 외우는 것이 예
선이요, 논리 싸움은 결선이니 아무리 논리력이 좋아도 외우
지 못하면 필드에 올라갈 수 없었다. 두꺼운 책을 들고 다니
며 몇 번의 시험을 친 뒤 깨달았다.

'암기력으로 밥벌이를 하면 안 되겠다.'

그래서 문과생들이 한 번쯤 눈 돌려볼 법한 각종 고시와
자격증 시험은 일찌감치 포기했다. 지금 생각해봐도 정말 잘
한 선택이었다. 암기력을 대체할 메모와 기록하는 습관이 이
때부터 생겼다.

좀 더 본격적으로 기록하기 시작한 것은 인상 깊게 읽었
던 문장들을 모으면서부터였다. 읽을 당시에는 가슴을 울리
고 손에 땀을 쥐게 만들며 누군가에게 들려주고 싶었던 문장
들이 시간이 지나면 서서히 잊히고 마는 게 싫었다(사실 하룻
밤만 지나도 절반 가까이 잊어버리니 '서서히'라고 하기도 아깝다).

그래서 처음에는 다이어리에 한 문장씩 적어뒀다가, 양이 많아지면서 에버노트 등 각종 앱을 사용하기 시작했고 나중에는 독학으로 홈페이지까지 만들어버렸다.

왜 하필 홈페이지였을까? 버디버디, 프리챌, 드림위즈 지니, 그리고 싸이월드… 한때 사람들이 열광했던 온라인 서비스다. 하지만 지금은 서비스가 중단됐거나 사용자 수가 매우 적다는 안타까운 공통점도 있다. 전 세계 사용자가 수십억 명에 이르는 페이스북, 인스타그램, 트위터도 앞으로 어떻게 될지 모른다. 이런 상황에서 그나마 오랫동안 유지될 수 있는 건 도메인과 서버를 구매해서 직접 만드는 홈페이지라고 생각했다.

이렇게 단순히 독서 기록을 위해 만들었던 홈페이지는 점차 사용 범위가 넓어져 인생 전반을 기록하는 데 쓰이게 되었다. 연초마다 세부적인 목표를 세워 적어두고 연말에 개별적으로 리뷰한 지 어느새 10년이 넘었다. 물론 거창한 목표로만 채운 건 아니다. 친구 생일에 잊지 말고 연락하기 같은 작은 목표도 있다. 어쨌든 10년 넘게 기록을 반복하면서 스스로에 대해 또 하나 알게 됐다.

'목표를 세우면 일단 실행한다.'

여기서 중요한 것은 '일단'이라는 부사다.

혼자 살아본다는 것

새해를 맞은 20대의 어느 날, 홈페이지에 적었던 목표 중 하나는 자못 도전적이었다. 지금 생각해도 당돌한 이 목표는 바로 독립이었다. 누구나 언젠가 하는 일인데 굳이 도전적이라고 한 이유는 표면적인 당위성이 전혀 없었기 때문이다. 휴학하고 브랜드 컨설팅 회사에서 인턴으로 일하게 됐는데, 출근시간이 한 시간 정도였다. 하지만 어차피 인턴이니 야근 압박도 없어서 출퇴근에 큰 문제가 있는 건 아니었다. 그런데도 가족 앞에서 선언했다. 반년만 독립해서 살겠습니다. 그 말을 들은 부모님은 이해할 수 없다는 표정으로 말씀하셨다.

"멀지 않은 집을 놔두고 왜 따로 살겠다는 거니? 밥도 잘 못 챙겨먹고 한 달에 몇 십만 원씩 나갈 텐데, 힘들게 번 돈을 그렇게 써도 되겠어?"

심지어 내가 구하려던 방은 원룸도 셰어하우스도 아닌 고시텔이었다. 독립을, 그것도 고시텔을 선택한 이유는 당시 읽었던 김영하 작가의 소설 《퀴즈쇼》의 영향이 컸다. 《퀴즈쇼》의 주된 배경은 고시원이다. 주인공 민수는 외할머니의 죽음과 빚더미 때문에 마지못해 집을 팔게 된다. 형편이 어려운 그가 선택한 곳은 고시원이었다. 그런 그에게 온라인이라는 새로운 세상이 열렸고, 채팅방에서 '벽 속의 요정'이라는 아이디를 사용하는 서지원과 운명적인 사랑에 빠진다. 하지만 화장실보다 작은 방에서 계획도 없이 하루하루 버티기만 하는 그에게, 부잣집 딸인 데다 열심히 살기까지 하는 그녀는 종종 부담스럽게 느껴진다. 나는 나도 모르게 민수의 삶에 몰입하면서, 20대에 보호자 없이 혼자 사는 삶이 궁금해졌다. 더불어 책에 묘사된 고시원의 모습을 상상했고, 그 공간에서만 느낄 수 있는 치열함을 꿈꿨다.

결국 반년 동안 고시텔 생활을 하면서 상상했던 것들을 고스란히 체험할 수 있었다. 우선 방이 정말 작았다. 침대와 책상 사이에서 팔굽혀펴기도 하기 어려웠다. 양팔로 지탱해 몸을 숙이려고 하면 두 팔꿈치가 책상과 침대에 닿아버렸다. 식탁은 당연히 없었고, 의자가 자연스레 밥상이 됐다. 식탁 의자 역할은 침대 모서리가 담당했다. 벽은 또 어찌나 얇던지, 옆방에서 보는 TV 프로그램이며 애인을 데려와서 사랑을 나누는 정황 등 알고 싶지 않은 것까지 다 알게 될 정도였다. 나눠진 공간에 따로따로 사는 수십 명이지만, 이럴 때면 벽 없는 하나의 공간에서 살을 부대끼고 산다는 느낌마저 들었다. 눈인사 한 번 나눈 적 없지만 왠지 모를 동지애가 느껴졌다.

예상치 못했던 수확도 있었다. 그동안 몰랐던 내 모습을 발견할 수 있다는 점이었다.

먼저 내가 애주가라는 사실을 알게 됐다. 퇴근 후 종종 발걸음이 향했던 곳은 집 근처 마트의 와인 코너였다. 물론 넉넉하지 않은 인턴 월급에 집어들 수 있는 건 주로 파격 세일 코너에 있는 1만~2만 원짜리 와인이었다. 와인 잔을 놓을 테이블 역할은 역시 의자가 차지했다. 의자 바퀴가 제멋대로 구를 때마다 와인이 출렁거려 어찌나 조마조마하던지. 하지만 이 시간에는 나름의 낭만이 있었다. 좋아하는 음악을 들으며 혼자 술의 풍미에 오롯이 집중하는 시간은 새로운 세계를 열어줬다.

그전까지 술은 여러 명이 왁자지껄 떠들면서 마시는 줄만 알았다. 그때의 나는 술 자체보다는 술자리를 좋아했던 것 같다. 그런데 혼자 술을 마셔보니 예전보다 맛과 향에 집중하기가 쉬웠다. 알코올이 조금 들어가고 나면 그동안 쌓아뒀던 고민들을 깊이 생각해볼 수도 있었다. 혼자 술 마시는 시간의 가치를 알게 된 것이다.

다음으로, 외로움을 타지만 동시에 고독을 즐길 수도 있다는 사실을 알게 됐다. 가족과 함께 살 때에는 느낄 수 없었던 감정을 비로소 만날 수 있었다. 하루 종일 사람들과 함께 있다가 퇴근 후 적막에 싸인 공간에 돌아왔을 때, 어떤 사람들은 그 순간이 싫어서 나갈 때 미리 불을 켜거나 음악을 틀

어놓는다고 들었다. 하지만 나는 침묵을 온전히 받아들이는 그 시간이 좋았다. 왠지 진짜 어른이 된 것 같았다. 그 감정을 알고 나서부터는 때로는 침묵을 지키며 혼자 있는 것도 즐기게 됐다. 아무런 잡음도 음악도 없는 정적 상태.

물론 견디기 힘든 순간도 있었다. 특히 아플 때 혼자 있으면 외로움과 서러움이 절정에 달한다. 하지만 이 감정도 익숙하지 않은 것일 뿐, 떨쳐내야 하는 부정적이기만 한 감정이 아니다. 결국 내가 품어야 하는 내 모습이다.

반년간의 독립생활은 부모님의 염려와 달리 돈이 하나도 아깝지 않은 시간이었다. 누구의 간섭도 없는 나만의 공간에서 내 시간을 디자인하는 경험은 소중하니까. 내가 얼마나 깔끔하고 얼마나 더러운 사람인지, 배고픔은 어느 정도까지 견딜 수 있는지, 갑자기 문제가 생기면 어떻게 해결하는지 등을 조금 더 잘 알게 됐다. 만약 결혼이든 동거든 누군가와 함께 살 인생 계획이 있다면 지금이 독립을 시도할 때다. 그렇지 않으면 혼자 살아볼 기회는 오랫동안 없을 테니까.

세 가지 키워드

책바를 오픈한 지 1년이 조금 넘었을 무렵의 일이다. 커피 브랜드 빈브라더스에서 흥미로운 제안을 했다. 세 명의 콘텐츠 크리에이터가 '내 삶을 만든 책'을 큐레이션하는 기획이었는데, 여기에 콘텐츠 크리에이터로 함께해달라는 것이었다. 다른 두 분은 퍼블리 박소령 대표와 사적인서점의 정지혜 대표였다. 다른 크리에이터 분들도 매력적이었고 기획 자체가 흥미로워 바로 승낙해버렸다.

주어진 미션은 책 14권을 큐레이션하고 그중 6권을 소개하는 것, 그리고 자신을 세 가지 키워드로 표현하는 것이었다. 책을 고르는 일은 어렵지 않았다. 부담감을 조금 덜어내고 나에게 영향을 준 책을 하나씩 선택하면 되니까.

문제는 나를 세 가지 키워드로 표현하는 것이었다. 온라인 데이팅 서비스 프로필에 쓸 법한 '화난 등근육'이나 자기소개서의 '책임감이 강한 불독형'처럼 쓸 수는 없었다. 농담처럼 가볍게 쓰기도 싫었고 이상적으로만 쓰기도 싫었다. 솔직한 나를 표현하고 싶었다. 펜을 들었다 놓기를 반복했고, 결국 그날 저녁약속에 나가지 못했다. 대신 그동안 남겼던 기록을 살펴보며 해답을 찾아나갔다. 꾸준히 썼던 다이어리와 홈페이지 그리고 SNS가 큰 도움이 됐다. (그러니 기록을 남기기 위해 SNS를 열심히 하는 건 절대 헛되지 않다.)

기나긴 고민 끝에 어느 정도 나를 표현할 수 있는 키워드

들을 찾아냈다. 바로 '균형 잡힌 삶, 건강한 개인주의, 낭만을
꿈꾸는 현실주의자'다. 균형 잡힌 삶은 어느 정도 확실하게
느껴졌지만, 나머지는 여러 번 고민해야 했다.

먼저 '건강한 개인주의'는 개인주의로 쓸지 개인주의자
로 쓸지 고민하다가 결국 '건강한'이라는 형용사를 붙였다.
처음에는 개인주의라는 키워드를 사용하려고 했는데, 정작
그 뜻이 정확히 나를 표현하는 것인지 확신할 수 없었기 때
문이다. 그런데 인터넷을 찾아보던 중, 김영하 작가가 에세
이《말하다》에서 했던 이야기를 발견했다.

> 남과 다르게 생각하는 것, 남이 침범할 수 없는 내면을 구축하
> 는 것이 필요합니다. … 이러한 개인주의를 저는 건강한 개인
> 주의라고 부르고 싶습니다. 건강한 개인주의란 타인의 삶을 침
> 해하지 않는 범위에서 독립적 정신을 가지고 살아가는 것 …
> 이라 정의하고 싶습니다. 이때의 즐거움은 소비에 의존하지 않
> 는 즐거움이어야 합니다. 물건을 사서 얻을 수 있는 즐거움이
> 아니라 뭔가를 행함으로써 얻어지는 즐거움입니다.
>
> ─《말하다》, 김영하 지음, 문학동네 펴냄

작가의 글을 읽다 보면 종종 내가 묘사하고 싶었던 생각
과 감정을 멋지게 표현해서 너무 반가울 때가 있다. 이때가

바로 그랬다. 개인주의는 자칫 이기주의로 오인받을 위험이 있지만 '건강한 개인주의'는 명확하게 의미를 전달할 수 있을 것 같았다. 물론 '건강한'이 빠져도 똑같은 의미로 받아들여지는 사회를 만드는 것 또한 내 미션 중 하나다.

'낭만을 꿈꾸는 현실주의자'는 좀 더 깊이 고민한 끝에 만들어졌다. 아름다움의 뉘앙스가 담긴 낭만이란 단어를 좋아해서 그동안 스스로를 낭만주의자라고 정의하곤 했다. 20대 중반 처음 개인 명함을 만들었을 때 전면에 'Romantic Soul'이라고 새겼을 정도다(어디 쥐구멍 없나요). 좋아하는 그림이 생겼을 때도, 어떤 노래를 즐겨 듣게 됐을 때도 그 이유에 모두 낭만을 갖다붙였다.

그런데 생각해보니, 내 실제 생활은 낭만과 거리가 멀었다. 낭만은 '현실에 매이지 않고 감상적이고 이상적으로 사물을 대하는 태도나 분위기'란 뜻이다. 여기서 중요한 부분은 '현실에 매이지 않고'라는 표현이다. 나는 의사결정을 할 때 효율성을 추구하는 현실적인 타입이다. 시나리오를 머릿속에 그린 뒤 조금이라도 더 낫다고 생각하는 길을 선택한다. 다만 마음속으로는 늘 낭만을 꿈꾼다. 계산은 하나도 안 하고, 좋으면 좋은 대로 싫으면 싫은 대로 본능과 이상이 이끄는 대로 살 수 있는 삶. 언젠가는 이런 삶을 살 수 있으리라는 믿음을 놓지 않되, 지금은 현실을 직시하고 타협하며 살고 있는 것이다.

단순히 나를 소개하겠다며 시작한 일이었으나 많은 생각을 해볼 수 있었다. 나라는 사람에 한 발자국 더 가까워진 느낌이었다. 이렇게 애써 고민한 키워드지만 시간이 지나면 또 바뀔 것이다. 나도 변할 테니까. 그럼에도 현재의 내가 어떤 사람인지 정의하는 일은 중요하다. 결정을 내려야 하는 순간 스스로가 가장 솔직하게 원하는 대로 움직일 수 있게 이끌어주기 때문이다.

물론 키워드로 자신을 표현하기란 결코 쉽지 않다. 약간의 어긋남도 용납하기 힘들 만큼 진지해져버리기도 해서 시작하기가 어렵다. 그래서 처음에는 가볍게 접근하는 것이 좋다. 좋아하는 음식과 도시 같은 걸로도 충분하다. 경주, 교토, 피렌체처럼. 대신 선택에 그치지 말고 이유까지 연결해야 한다. 내가 예스러움과 아날로그 그리고 산책을 좋아하기 때문에 세 도시를 선택한 것처럼 말이다.

세상에 '그냥'은 없다고 생각한다. 그냥 좋다고 눙쳐버리는 것도, 결국은 수많은 이유가 더해져 나온 마음이다. 그래서 이유를 끝까지 찾아내는 훈련이 필요하다. 그러다 보면 스스로를 솔직하게 정의할 수 있는 순간도 찾아올 것이다.

나를 표현하는 키워드는 시간에 따라 바뀔 수 있다. 그럼에도 현재의 내가 어떤 사람인지 정의하는 일은 중요하다. 결정을 내려야 하는 순간 스스로가 가장 솔직하게 원하는 대로 움직일 수 있게 이끌어주기 때문이다.

2장

부끄러움이 만들어낸 첫 사업

"너 그래서 꿈은 뭔데?"

대학 시절, 술자리에서 대화의 농도가 짙어지면 종종 나오는 주제였다. 대단한 능력도 큰돈도 없었지만 그때만큼은 꿈만으로 먹고살 수 있는 시절이었으니까. 꿈이란 것은 대체로 먼 미래의 일인 경우가 많아서 현실과는 동떨어져 있는 것 같지만 당장의 삶과도 분명 이어져 있다. 그래서 꿈 이야기를 나누는 시간만큼 상대방이 어떤 가치관으로 사는지 알게 되고 친밀도까지 올려주는 경우가 흔치 않다.

물론 꿈의 유무에 따라 인생의 우열이 가려지지도 않고, 거창한 꿈만 꿈인 것도 아니다. 당연히 질문을 받은 사람들의 반응도 제각각이었다. 무슨 개꿈 같은 소리냐며 평범하게 살다 가는 게 목표라던 친구가 있었고, 먹고살 만큼 벌고 나면 무료로 사람들을 태워다주며 하루의 위로를 건네는 택시 운전사가 되고 싶다던 선배도 있었다.

나는 지금보다 더 아름답고 낭만적인 세상을 만드는 것이 꿈이라고 이야기했다. 물성이 있는 것을 좋아하기 때문에 구현할 수단으로는 제품과 책 그리고 공간을 꼽곤 했다.

그리고 첫 시작은 생각보다 빨리 찾아왔다.

군대 전역 후 고민이 생겼다. 봄여름에 외출할 때마다 움츠러들었다. 얇은 옷을 입었을 때 특정 부분이 돌출되어 보이기 때문이었다. 군대에서 가슴 운동을 꾸준히 했는데 그 결과 가슴뿐 아니라 유두도 함께 도드라지게 된 것이다. 그 사실을 알려준 건 태어나서 처음 만난 사람이었는데, 하필이면 소개팅으로 만난 여자였다. 어느 따스한 봄날 저녁 마주앉아 술 한잔하며 이야기하는데 그녀의 눈동자가 무의식적으로 아래를 향하는 것이었다. 대화할 때는 눈을 마주보는 게 보편적이라 알고 있었는데 자꾸 시선을 내리는 모습에 신경이 쓰여서, 조심스럽게 혹시 무슨 문제가 있는지 물었다. 그녀는 계속 망설이다가 술김에 대답했다.

"문제가 있는 건 아닌데, 가슴 쪽이 신경 쓰여서요."

화장실 거울 앞에 서보니 무슨 뜻인지 단박에 이해가 됐고, 동시에 부끄러워졌다. 땅콩만 한 무언가가 가슴 양쪽에서 튀어나온 채 인사를 건네고 있었다.

'안녕? 인생에서 내가 이렇게 의미 있던 적은 없었지?'

그날 이후 속옷을 덧대어 입거나 밴드를 붙이기 시작했다. 해본 사람은 알겠지만, 하루 종일 붙어 있던 걸 떼어내려면 정말 아프다. 아프면 효과라도 있어야 하는데 제대로 가리지도 못했다. 누가 봐도 유두 때문에 밴드를 붙였다고 알아볼 것 같았다. 인터넷을 뒤져봤지만 이 문제를 해결하기 위한 제품은 눈에 띄지 않았다.

그러던 어느 토요일이었다. 아침을 먹으며 신문을 읽는데 한 인터뷰가 눈에 들어왔다. 미국 보정속옷 브랜드 스팽스Spanx의 창업자 새라 블레이클리의 기사였다. 그녀는 사업을 시작하게 된 유레카 모먼트eureka moment가 자기 몸에 대한 부끄러움이라고 이야기했다. 자신이 느낀 불편함을 사업과 연결했다는 점이 멋져 보였다.

그날 오후 외출하기 위해 평소 하던 대로 밴드를 잘라 가슴에 붙이던 중이었다. 여느 때처럼 최대한 잘 가리기 위해 노력하던 중, 문득 그 인터뷰가 떠올랐다. 가슴이 쿵쾅쿵쾅 뛰기 시작했다. 그녀처럼 나도 부끄러움을 극복하기 위한 제품을 만들어야겠다는 생각이 머릿속을 채웠다. 그날 당장 지나다니는 사람들을 관찰하고 인터넷도 살펴봤는데, 나 말고도 이 아이템에 대한 수요가 있을 것 같았다. 하필 마케팅 학회 프로젝트와 중간고사가 몰려 있던 시기였지만 사업도 같이 해내고야 말겠다는 결심으로 과감히 움직였다.

하지만 처음부터 몇 가지 어려움이 있었다.

첫째, 제품을 만드는 전반적인 프로세스에 대한 지식이 없었다. 당장 결정해야 했던 건 특허(실용신안)를 등록하고 만들지, 특허를 거치지 않고 바로 만들지였다. 아이디어를 떠올렸을 때가 봄이었는데, 봄여름에 사용하는 제품이기 때문에 최대한 서둘러야 했다. 하지만 특허를 등록하는 데는 최소 반년에서 1년이 걸린다. 그렇다면 1년 뒤에나 제품을 론칭하게 되는데, 그때는 졸업 후 취업을 해야 하는 시기인데다 그사이에 비슷한 제품이 나올지도 몰라 불안했다. 그렇다고 당장 제품을 만들자고 결심하기도 쉽지 않았다. 여름이 지나기 전에 제품을 론칭할 수 있을지 아무런 정보도 확신도 없었다.

둘째, 실행 가능성 문제였다. 일단 자금이 넉넉하지 않았다. 과외와 아르바이트로 돈을 모아봐야 학생 사정에 부족할 것이 뻔했다. 그렇다면 창업지원프로그램에서 지원받아야 하는데, 계절상 기다릴 틈이 없었다. 가족과 친구에게 손 벌릴 만큼 대박을 확신하기도 어려웠다.

그렇다고 포기할 수는 없는 일. 열심히 부딪쳐가며 최대한 정보를 수집했고, 그 결과 두 가지 어려움은 비교적 수월하게 해결할 수 있었다.

첫 번째는 실용신안 문제였는데, 알고 보니 내 아이템은 원래부터 실용신안을 획득하기가 거의 불가능했다. 비슷한 여성용 제품이 이미 존재했는데, 실용신안을 등록하기 위해서는 누가 봐도 제품 자체에 현격한 변화가 있어야 했기 때문이다. 처음에는 아쉬움이 컸지만, 지금 생각해보면 오히려 실용신안이 불가능했기 때문에 의사결정이 단순해져 다음 프로세스를 일사천리로 진행할 수 있었다.

두 번째 문제인 재무상황은 기우였음을 곧 알 수 있었다. 구글링으로 찾은 공장 담당자와 연락해보니 제품을 만드는 데 100만 원으로도 충분하다는 판단이 선 것이다. 사실 가장 이상적인 제품을 위해서는 금형 제작비를 포함해 2000만 원이 필요했지만 솔직히 손익분기점을 넘길 자신이 없었다. 하지만 100만 원이라면 망하더라도 아깝지 않은 경험이 될 것 같았다.

어렵사리 첫 단추를 꿰었지만 이제부터가 시작이었다. 아이템 형태와 생산공장 외에는 아무것도 준비된 게 없었다. 먼저 브랜드를 만들어야 했다. 네이밍과 로고 같은 무형적 요소부터 재질과 패키지 디자인 등의 유형적 요소까지 전부 다.

네이밍부터 고민하기 시작했다. 타깃은 패션에 관심 많은 20~30대 남성이니 이들에게 매력적으로 보일 수 있도록 재미있는 컨셉을 잡기로 했다. 또 '세상에 존재하지 않던 제품'을 강조하기 위해, 포스트잇과 스팸처럼 보통명사가 될 수 있는 이름을 만들고 싶었다. 고민 끝에 3개 후보가 탄생했다.

1안 니플리스Nippleless : 니플nipple과 리스less의 합성어로, 말 그대로 (겉으로 돌출되는) 유두가 없다는 뜻이다. 보통명사가 되길 바라는 마음으로 지었다.

2안 하우두유두How do you do : 당시 유행어였던 '하우 두 유두?'에 편승할 수 있겠다 싶었다. '하우 두 유두? 당신의 유두는 안녕한가요?'라는 카피도 가능했다. 하지만 같은 이름의 브랜드가 이미 많이 있었다.

3안 무두無頭 : 유두는 한자로 '젖 유乳'와 '머리 두頭'를 쓰는데, 유 대신 '없을 무無'를 넣었다. 1안과 마찬가지로 유두가 없다는 뜻이 된다. 풀어서 설명하면 흥미로울 수 있지만 직관적이지 않은 게 단점이었다.

최종 결정은 1안으로 했다. 보통명사가 되기를 바라는 마음이 가장 컸다.

다음은 로고를 만들 차례였다. 마음 같아서는 애플과 나이키처럼 심플하면서도 아름답게 만들고 싶었으나, 현실은 100만 원이 전부인 혈기왕성한 대학생일 뿐이었다. 디자인을 하는 지인도 없었고 포토샵도 할 줄 몰랐다. 그나마 아는 파워포인트로 레터링에 도전해봤는데, 'Nippleless'의 P 안에 하나씩 점을 찍어보니 유두를 형상화한 것처럼 보여 만족스러웠다. 의도치 않게 19금이 된 로고는 이렇게 예상보다 빨리 탄생할 수 있었다.

Nippleless
Be confident

제품 토대가 완성되자 창업 준비에도 탄력이 붙었다. 세무서와 구청에 찾아가 사업자등록과 통신사업자등록을 하고 옥션을 비롯한 오픈마켓에 판매등록신청도 마쳤다. 아이디어부터 최종 판매까지 전 과정에 약 두 달이 소요됐다. 처음 하는 사업, 그것도 혼자서 새로운 제품을 만든 것치고는 매우 짧은 시간이었다. 더구나 학회 프로젝트와 학교 시험까지 병행했으니 뿌듯할 만했다. 지금 돌이켜봐도 이때만큼 잠을 적게 잔 시기는 없었던 것 같다. 하지만 하나의 제품을 기획하고 무에서 유를 만들어내는 과정 자체가 재미있어서 힘들다는 생각은 들지 않았다.

당시 마케팅 학회나 책에서 배운 지식은 3C-STP-4P라는 툴이었다. 간단히 설명하자면, 먼저 3C를 사용해 나Company와 경쟁사Competitor 그리고 시장과 소비자Customer를 분석한다. STP는 전략의 방향성을 결정하도록 이끈다. 먼저 우리가 생각하는 고객이 어떤 사람인지 나누고Segmentation, 이들 중 매력적인 고객층을 결정한 다음Targeting, 어떤 특장점으로 어필할지Positioning 판을 짜는 것이다. 그 후 제품Product, 가격Price, 판매채널Place, 프로모션Promotion을 결정하여 판매하는 것이 일반적이다.

사업을 시작하기 전에는 3C와 STP에 정말 많은 시간을 쏟을 줄 알았다. 학회에서 했던 프로젝트 대부분도 시작점인 '올바른 분석'부터 공을 들이곤 했으니까. 하지만 니플리스는 3C와 STP라는 용어를 사용하기 민망할 정도로 그 단계에 시간을 투여하지 않았다. 대중을 분석하고 시장을 찾아 만든 제품이 아니기 때문이다. 대신 제품 개발에 시간이 가장 많이 걸렸다. 시제품을 만들어서 사용해보고 조금씩 보완하며 고민하다 보니 최종적으로 완성하기까지 한 달이 훌쩍

지났다. 아무래도 예민한 신체부위에 장시간 부착하는 것이니 제품 자체의 완성도가 무엇보다 중요했다. 하지만 나머지는 생각보다 빠르게 결정할 수 있었고, 가격 설정도 순탄하게 흘러갔다. 가격은 이익을 극대화하면서도 소비자의 지갑을 열게 만드는 접점에서 결정되는데, 새로운 카테고리인 만큼 다소 도전적으로 가보기로 했다. 누군가에겐 기호품이 아니라 필수품일 테니까.

이제는 마케팅을 해서 실제 판매가 되도록 만들어야 했다. 생산에 자금 대부분을 썼기 때문에 비용은 최대한 낮추되 효과는 큰 채널이 필요했다. 역시 SNS밖에 없었다. 먼저 당시 가장 열심히 하던 페이스북에 글을 올렸다. 몇 사람이 사기 시작했다. 지인 아닌 사람의 구매가 너무 기뻤는지 나도 모르게 덩실덩실 춤을 췄다. 하지만 그 후로는 아무도 사지 않은 채 며칠이 흘렀다. 재미있는 아이디어만 알려지고 정작 브랜드는 죽을 위기였다. 본격적으로 니플리스를 대중에게 알려야 했다. 다시 온라인 채널을 찾기 시작했다.
　① 패션에 관심 있는 20~30대 남성들이
　② 실제로 패션 아이디어를 참고하고
　③ 글 회전율이 낮아 오래 노출될 수 있는 곳
　이 조건에 부합하는 곳으로 네이버 카페 '디젤 매니아'를 선택했다. 디젤 매니아에는 OOTD Outfit Of The Day를 올리는 게시판이 있는데, 글을 쓰는 사람도 보는 사람도 많아 잘만 하면 폭발적인 조회수와 댓글을 받을 수 있었다. 나는 하얀 무지 티셔츠와 청바지를 입고 니플리스를 부착한 후 사진을 찍어 글을 올렸다.

오늘 날씨가 좋아서 가장 기본 핏인 하얀 티셔츠와 청바지를 입고 나왔습니다. 티셔츠는 지오다노고 청바지는 H&M이에 요. 아, 제가 얇은 티셔츠를 입으면 유두가 돌출돼서 이걸 가리 는 밴드인 니플리스도 붙였습니다. 자신감 뿜뿜이에요!

그러자 댓글과 쪽지가 폭발하기 시작했다. 당연히 그들 이 궁금해한 정보는 티셔츠나 청바지가 아니라 가슴을 쫙 펴 고 다닐 수 있게 해주는 니플리스였다. 그날 하루에만 300명 이 구매했다. 그 후 각종 유머게시판에 내 가슴팍을 확대한 이미지가 돌아다니기 시작하더니 별명까지 붙었다. 유재석 이 국민 MC로 불린 것처럼 내 가슴은 국민 유두가 됐다. 하 지만 정말 기분 좋았던 것은 구매 폭주나 별명이 아니라 사 용 후기를 적은 댓글이었다. 니플리스를 붙인 이후로 자신감 을 갖고 외출할 수 있었다며 감사하다고 쓰여 있었다. 그들 은 또 다른 나이기도 했다.

소개팅 승률을 높이고 싶다는 가벼운 마음으로, 나아가 외출할 때 가슴을 펴고 싶어서 만들었던 니플리스는 예상하지 못했던 큰 배움을 남겼다.

첫 번째로, 소비자의 니즈와 욕구는 얼마든지 만들어낼 수 있다는 사실을 알았다. 어떤 사람들은 신체부분이 돌출된 채 외출하는 게 전혀 신경 쓰이지 않을지도 모른다. 심지어 자신의 성적 매력을 드러내는 수단 중 하나라는 의견도 있었다. 하지만 그런 사람들도 니플리스가 누군가의 자신감을 높이는 데 필요하다는 사실을 알게 됐다. 여기에 자신만이 아니라 타인을 위한 매너라는 메시지도 전달했다. 물론 우리 사회가 각자의 개성과 자율성을 존중해줄 정도로 성숙했더라면 니플리스는 필요 없었을지도 모른다. 그런 면에서 타이밍도 참 중요하다. 요즘 니플리스를 출시했다면 그때만큼 파급력이 컸을까 궁금하기도 하다. 갈등과 논란이 있지만 어쨌든 그 와중에도 다양성이 존중받는 방향으로 사회가 나아가고 있으니까.

두 번째로, 아무도 걷지 않았던 길을 걸을 수 있겠다는 자신감이 생겼다. 무에서 유, 즉 0에서 1을 만드는 일은 무척 어렵다. 1에서 2, 혹은 1에서 10까지 만드는 일도 쉽지는 않지만 선례가 있으니 도전하는 마음이 덜 막막하다. 하지만 니플리스는 새롭게 만들어낸 시장이었다. 시장은 타인이 아닌 내 욕구를 통해서도 만들 수 있다는 사실을 알게 됐다. 더불어 용기 있게 밀어붙이는 뚝심이 가장 중요하다는 것까지.

세 번째는 두 번째와도 이어지는데, 최초라는 사실 자체도 의미 있지만 영속성 있는 사업을 위해서는 아무도 침범할 수 없는 차별성이 중요하다는 사실을 배웠다. 즉 온리원이 돼야 했다. 무에서 시작한 니플리스는 충분한 수요를 입증했지만 그만큼 따라 하기도 쉬워서, 알려지자마자 수많은 카피캣이 생겨났다. 내가 대응하지 못하는 사이 그들은 가격을 더 낮추거나 프로모션을 하거나 디자인을 재미있게 만드는 등 공세를 펼치기 시작했다. 후발주자들은 새로운 시장을 만들지는 않았지만 온라인 판매 잘하는 법은 알고 있었다. 광고를 효율적이면서도 효과적으로 집행할 줄 아는, 이른바 퍼포먼스 마케팅을 잘하는 사람들이었다. 그러다 보니 시간이 지날수록 제품 카테고리는 니플리스에서 니플밴드로 불리기 시작했고, 결론적으로 니플리스 보통명사화는 실패했다. 대중이 원하는 것은 조금 더 쉽고 직관적인 네이밍이었던 것이다. 우수한 품질 덕분에 기존 고객은 계속 사용하거나 다른 제품으로 갈아탔다가도 다시 돌아왔지만, 새로운 고객을 유인하는 데에는 한계가 있었다. 나 또한 니플리스에 많은 시간을 투자할 여력이 없었다. 그사이 나는 학생에서 회사원이 됐으니까.

아무도 걷지 않았던 길도 갈 수 있다는 자신감이 생겼다. 시장은 타인이 아닌 내 욕구를 통해서도 만들 수 있다는 사실을 알게 됐다. 더불어 용기 있게 밀어붙이는 뚝심이 가장 중요하다는 것까지.

3장

꿈꿔왔던 회사를 나오다

성취감을 잇고 싶었습니다

낭만적인 세상을 만들기 위해 선택한 직업은 마케터였
다. 그중에서도 사람들이 매력을 느낄 만한 제품을 기획하
고 키워내는 브랜드 매니지먼트를 하고 싶었다. 니플리스를
만들고 운영하며 느꼈던 성취감을 잇고 싶었던 것이다. 오랜
고민 끝에 선택한 곳은 우리나라에서 가장 널리 알려진 소비
재 회사 중 하나로, 어느 집에 가든 화장실과 주방에 하나쯤
있을 법한 브랜드를 수십 가지 보유한 기업이었다. 당시 내
가 정의했던 낭만은 특별함보다는 일상성에 가까웠는데, 그
래서 누구나 자주 사용하는 생활용품을 통해 긍정적인 변화

를 만들고 싶었다. 그 회사에 얼마나 들어가고 싶었는지 로고를 프린트해서 코팅한 뒤 지갑에 넣어 다닐 정도였다. 다행히도, 니플리스 사업 경험은 간절히 원하던 회사에서 일할 기회를 만들어주었다.

하지만 회사에서 처음으로 맡은 브랜드는 낯설기만 했다. 사실 태어나서 처음 들어본 이름이었다. 갓 입사한 직원에게 크고 잘나가는 브랜드를 맡길 리 없으니까. 그래도 브랜드 매니저로서 해야 하는 일은 수없이 많았다. 새로운 방향을 기획하는 일보다 영업, 물류, 구매, 생산 등 유관부서와 커뮤니케이션하며 판매를 원활하게 이끌고 문제 발생을 막는 관리 업무 비율이 월등히 높았다. 아무것도 할 줄 모르는 아이를 놀이터에 둔 부모의 마음으로 시종일관 주의를 기울이며 살펴야 했다. 학생 때 들었던 강연에서 브랜드 매니저들이 자신을 브랜드의 엄마라고 소개한 이유를 비로소 알 수 있었다.

그럼에도 예상치 못한 사고는 빈번하게 발생했다. 예를 들면 대형마트 행사 일정을 정하라고 영업부서에 공유했는데, 행사 며칠 전에 생산부서에서 수량을 못 맞추겠다고 연락 오는 식이다. 물론 내 불찰도 있겠지만 유관부서의 오너십 부재가 늘 아쉬웠다. 브랜드 하나를 주로 담당하는 나와 달리 그들이 상대하는 브랜드는 여러 개였다. 더군다나 신입사원의 일이니 경력 많은 직원보다 중요도가 낮아 보였을지도 모른다. 메일과 전화로는 의사가 명확히 전달됐는지 안심할 수 없어 다른 층까지 직접 찾아가 요청한 적도 한두 번이 아니었다. 학생 때 상상했던 회사의 모습은 어벤저스처럼 여러 명의 영웅들이 힘을 합쳐 시너지를 발휘하는 것이었지만 현실에서는 혼자서 각개격파해야 했다.

물론 지금까지 뿌듯한 성취감으로 기억하는 의미 있는 일도 많다. 당시 내가 맡았던 브랜드는 여행용 키트였는데, 브랜드라 할 수 없을 정도로 아쉬운 점이 많았다. 그래서 팀장님께 건의해 매출 향상을 담보로 브랜드 리뉴얼 프로젝트를 진행했다. 드디어 내가 바라던 일을 하게 된 것이다.

당면한 문제 중 첫 번째는 조잡한 디자인이었다. 여행용 키트라고 하면 샴푸, 컨디셔너, 바디워시, 치약, 칫솔 등의 구성품을 작은 통에 담아 하나의 패키지로 내놓은 제품을 말한다. 그런데 우리 제품은 구성품 크기가 작다는 것 말고는 디자인에 통일성이 전혀 없었다. 그뿐이 아니었다. 최종 판매채널까지 운송되면서 흔들림이 심했는지 늘 구성품이 흐트러졌다. 네다섯 개 중 절반은 뒤집어져버리고 나머지 절반만 간신히 앞을 향해 있기 일쑤였다. 그러면 소비자는 제품에서 신뢰도를 느끼지 못할 뿐 아니라 어떤 물건이 들

있는지 구분할 수도 없다. 이래서는 유통망을 거쳐 전국의 소비자 앞까지 간다 하더라도 최종 구매까지 이어지기 어려웠다.

두 번째는 편리하지 않다는 점이었다. 나는 여행용 키트 브랜드를 맡자마자 여행을 떠났다. 직접 사용해봐야 장단점을 온전히 알 수 있을 것 같아서 내 돈으로 떠난 여행이었다. 아니나 다를까, 샤워부스에서 결정적인 문제점이 발견되었다. 치약을 제외한 샴푸, 바디워시 등은 뚜껑이 위쪽에 있었는데, 그것도 돌려서 여는 타입이었다. 비누거품 가득한 손으로는 뚜껑을 잘 열 수도 없을뿐더러 열었다 해도 놓치기 쉬웠다. 나 역시 뚜껑을 놓쳐 배수구에 빠뜨리고 말았는데, 배수구에 손을 넣고 휘저으며 뚜껑을 찾으려 애썼지만 결국 포기해야 했다. 게다가 배출구가 위에 있으니, 내용물이 조금 남았을 때 모두 사용하기도 쉽지 않았다. 뚜껑을 열고 뒤집어서 손바닥에 오랫동안 탁탁 털어내야 했다. 개선해야 할 점이 한두 가지가 아니었다.

여행을 다녀와서 곧바로 브랜드 리뉴얼을 진행했다. 먼저 명목상으로만 존재했던 브랜드 아이덴티티를 디자인팀과의 협의 하에 체계화하고 패키지의 톤 앤 매너를 통일했다. 구성품 종류는 색으로 구분했고, 끝까지 간편하게 사용할 수 있도록 용기를 뚜껑이 아래에 붙은 튜브로 교체하고, 뚜껑도 원터

치로 여닫을 수 있게 했다. 또 튜브를 고정하는 지지대를 넣어 흐트러짐 문제를 해결해 생산공장에서 판매채널까지 동일한 모습으로 전달되도록 만들었다. 누가 봐도 이전에 비해 고급스러워졌기 때문에 판매가를 무리 없이 올릴 수 있었으나, 놀랍게도 원가는 큰 변동이 없었다. 디자인과 가격 면에서 경쟁력이 생기자 매출 비중이 큰 B2B 입찰시장에서도 승률이 높아졌다. 그렇게 매출과 영업이익이 모두 올랐다.

행복한 삶에 대한 브레인스토밍

의미 있는 순간과 그렇지 않은 날들이 이어지다 어느새 2년이 흘렀다. 좋은 팀을 만나 행복하게 일하긴 했지만, 앞서 말한 문제점들은 끊임없이 발생해 나를 지치게 했다. 퇴근 후 원하는 삶을 누리는 걸로 스트레스를 풀면 됐겠지만 그럴 만한 물질적·정신적 여유가 없었다. 시간이 지나며 성장한 건 엑셀 실력 말고는 없는 것처럼 느껴졌다. 그야말로 회사 일을 잘하기 위한 스킬뿐이었다.

그러던 어느 날 아침, 출근길 버스에서 기사 하나를 발견했다. '대기업 사표 내고 술 먹는 책방 차린 30대.' 말초신경을 자극하는 제목을 보니 클릭할 수밖에 없었다. 북바이북 서점 김진양 대표의 인터뷰였다.

자극적인 제목과 달리 인터뷰는 가슴 두근거리게 하는 내용이었다. 술 먹는 책방이라는 컨셉도 신기하고 신선했지만, 그보다는 회사를 박차고 나와 자신만의 공간을 운영하는 모습이 멋져 보였다. 동시에 내 가슴속에도 뭔가 차오르기 시작했다. 학생 시절 술자리에서 수차례 말했던 꿈 중 마지막 한 가지, 바로 공간을 통해 좀 더 낭만적인 세상을 만들고 싶다는 꿈이었다.

인터뷰를 곱씹다 보니 며칠 전 봤던 유튜브 영상도 떠올랐다. 스티브 잡스의 스탠퍼드 대학 졸업식 연설이었다. 영상을 본 이유는 별것 아니었다. 대한민국 직장인이라면 자유로울 수 없는 영어에 대한 압박 때문이었는데, 공부하는 김에 제대로 된 연설을 보자는 마음으로 선택한 것이다. 처음에는 단어가 들렸다. 재차 보니 문장이 들렸다. 더 지나니 문단을 넘어 전체 메시지가 마음에 들어오기 시작했다. 그중에서도 유난히 와 닿는 한 문장이 있었다.

"시간은 한정돼 있습니다. 그러니 타인을 위해 여러분의 삶을 허비하지 마십시오. (Time is limited, so don't waste it, living someone else's life.)"

유독 마음을 때리는 메시지였다. 당시 스티브 잡스는 치사율이 가장 높은 암인 췌장암을 극복한 뒤 단상에 올랐다. 엄청난 성공을 거둔 애플 CEO로서가 아니라, 죽음의 문턱에 다녀온 사람으로서 한 말이었다.

그렇다. 인생은 짧다. 그리고 그때 나는 나를 위한 삶을 살고 있지 않았다.

그날 저녁, 일찍 집에 들어와 노트를 펼쳤다. 한가운데에 '행복한 삶'이라 적고 브레인스토밍을 시작했다.

'여유, 긍정적인 영향력, 사랑하는 사람들, 그리고 원하는 일을 할 수 있는.'

4가지에서 시작된 생각의 줄기는 계속 퍼져나갔다. 그중에서도 '원하는 일을 할 수 있는'은 비전이 있고, 일과 삶의 균형이 이루어지며, 적당한 돈을 번다는 의미였다. 그 자리에 다니던 회사는 없었다. 대신 만들고 싶은 공간이 있었다.

다음 날, 반차를 쓰고 북바이북이 있는 상암동으로 향했다.*

* 아쉽게도 상암점은 2018년 여름 문을 닫았다.

* 행복

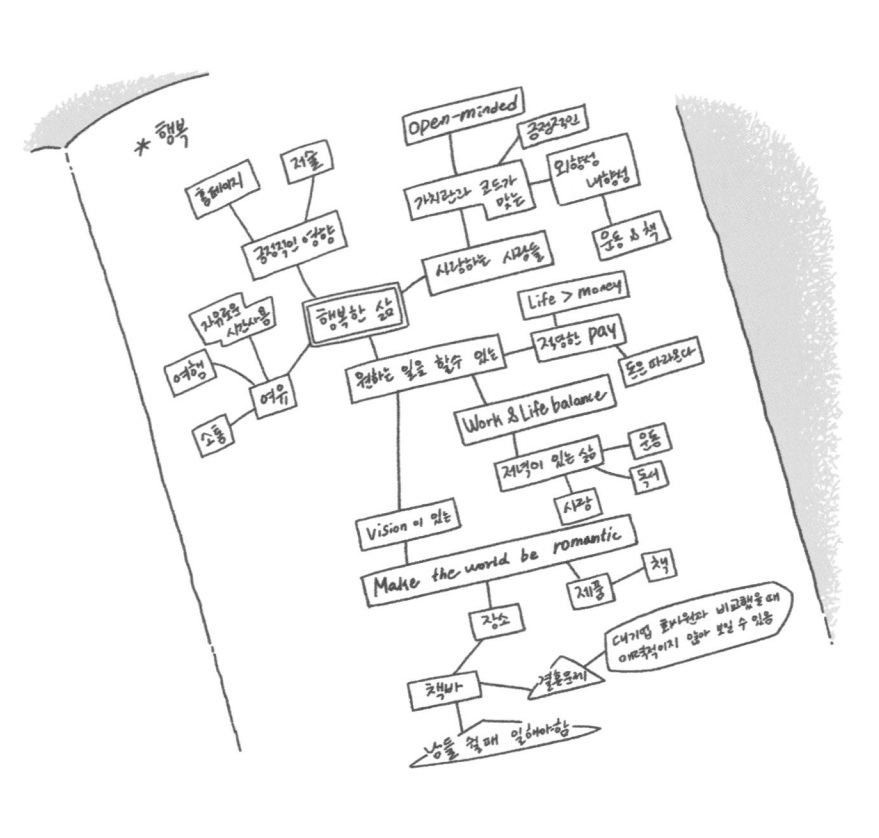

맥주 한 잔을 시킨 뒤 김진양 대표가 쓴 책을 사서 읽었다. 길지 않은 시간이었지만 공간의 분위기를 느끼기에는 충분했다. 계산하고 문을 나서기 전, 나는 질문 하나를 던졌다.

"대표님, 안녕하세요. 책 잘 읽었습니다. 죄송하지만 하나만 여쭤볼게요. 이 일 하니까 행복하세요?"

그녀는 잠시 당황했으나 이내 긍정적인 대답을 했다. 사실 나에게도 대단한 논리가 필요한 건 아니었다. 단지 긍정, 그 대답이 필요했다. 다음 날 회사에 출근해서 팀장님에게 퇴사하겠다고 말했다. 한 달만 버티면 인센티브를 받을 수도 있었지만 이미 안중에 없었다. 팀장님은 몇 분 동안 침묵하더니 알겠다고만 했다. 나를 잘 아는 분이기에 나온 반응이었다. 회사에 다니는 동안에도 내가 한결같이 보여준 모습은 일관된 소신이었으니까.

인수인계를 하느라 몇 주가 지난 뒤, 나는 오랫동안 꿈꿔왔던 회사에서 벗어나 백수의 신분이 됐다.

"대표님, 하나만 여쭤볼게요. 이 일 하니까 행복하세요?"

사실 나에게도 대단한 논리가 필요한 건 아니었다. 단지 긍정, 그 대답이 필요했다.

4장

모든 점은 이어진다

어린 시절의 책과 레고

책바를 운영하며 약 2년 동안 '인생학교The School of Life 서울'에서 정기적으로 강연을 했다. 인생학교는 작가이자 철학자인 알랭 드 보통이 학교에서 배우지 못했던 삶의 기술을 나누기 위해 시작한 글로벌 프로젝트로, 관계와 자아, 일, 문화 등의 카테고리가 있다. 내가 맡은 건 '직업 잠재력을 찾는 법How to identify your career potential'으로, 일 카테고리에 속한 수업이었다. 수강생들에게 알랭 드 보통의 지혜를 전달하는 일도 즐거웠지만, 더 흥미로운 부분은 강연을 거듭하면서 다름 아닌 나 스스로가 앞으로 또 다른 일을 어떻게 발전시킬 것인지 실마리를 찾았다는 점이었다. 무엇보다도 내가 책바를 시작하게 된 이유를 되짚어볼 수 있었다. 한마디로, 어린 시절의 나를 잃지 않았기 때문이었다.

2015년 개봉한 〈인사이드 아웃Inside Out〉은 그야말로 어른을 위한 애니메이션 영화다. 영화 속 모든 사람에게는 감정 컨트롤 본부가 있는데, 주인공 머릿속의 기쁨, 슬픔, 버럭, 까칠, 소심이를 통해 사람의 감정이 어떤 상호작용을 거쳐 표현되는지 유머러스하면서도 감동적으로 보여준다. 특히 인상적이었던 건 핵심기억core memories이었다. 하루하루 쌓이는 수많은 기억은 좋든 나쁘든 시간이 지날수록 점점 사라진다. 하지만 그중 일부는 인생에서 정말 중요한 시기에 나의 원동력이 되어주고, 오랜 시간이 지나도 선명하게 남아 핵심기억이 된다. 주인공 라일리의 핵심기억은 부모님과 함께한 하키에서 처음 점수를 땄을 때인데, 그녀는 이 기쁨 덕에 꾸준히 하키를 할 수 있었다.

영화를 보고 있자니 자연스럽게 내 핵심기억이 무엇인지에 생각이 가 닿았다. 현재의 내 모습에 이어져 있는 과거의 핵심기억 말이다.

나는 초등학교 4학년 때 수영을 마치고 나면 동네 서점 구석 바닥에 쪼그려앉아 만화로 된 세계문학전집을 읽곤 했다. 그러다 보면 어느새 폐점시간인 밤 10시가 되어 부모님이 뿌듯한 표정으로 데리러 오셨다. 독서 자체의 즐거움을 누렸을 뿐 아니라 무언의 칭찬을 받을 수 있어 더 좋았다.

이렇게 시작된 책에 대한 애정은 나이 먹어서도 계속 이어졌다. 고등학교에서도 도서부에 들어갔는데, 당시 정말 좋아하던 축구를 이겨내고 선택한 거라 나에게는 의미가 컸다. 물론 도서부에 예쁜 여학생이 가입했다는 소문도 영향을 미치긴 했지만, 어쨌든 책을 싫어하면 할 수 없는 선택이었다! 덕분에 책을 많이 읽었을 뿐 아니라 행정절차가 어떻게 이뤄지는지, 어떤 책이 사랑받는지 등 학내 독서 문화도 알 수 있었다.

책에 대한 애착은 군대에서 절정에 달했다. 업무 시간이 끝나면 운동과 독서에만 집중했고, 덕분에 내 인생에 영향을 미친 책들을 만날 수 있었다. 소설의 가치를 새삼 깨닫게 해준 김연수 작가의 《네가 누구든 얼마나 외롭든》, 인생 책 중 하나인 에른스트 H. 곰브리치의 《서양미술사》, 그리고 사업 욕심을 들끓게 만들었던 토니 셰이의 《딜리버링 해피니스》까지. 그때의 감상과 유려한 문장들을 오랫동안 간직하고 싶어 홈페이지를 만들게 됐고, 급기야 글로 좋은 영향을 주는 사람이 되고 싶다는 생각으로 이어졌다. 작가의 꿈을 품게된 것이다. 다행히 회사원이 된 후에도 그 마음을 잃지 않아

20대 마무리 프로젝트로 독립출판을 할 수 있었다. 어릴 적 동네 서점에서 시작된 점이 하나하나 이어져 지금 여기까지 이른 셈이다. 그렇게 책은 내 인생에서 떼려야 뗄 수 없는 존재가 되었다.

내가 좋아하는 일은 의외로 현재보다 과거의 모습에서 발견하기 쉽다. 어린 시절의 우리는 본능적으로, 하고 싶은 대로 마음껏 나를 표현하기 때문이다. 특히 좋아하는 놀이를 통해서 말이다.

내 경우에는 책과 더불어 레고가 그런 존재였다. 블록을 쌓아 공간을 만들고 사람들을 넣은 후 이들이 상호작용하는 모습을 상상하곤 했다. 초등학교 4학년 정인성이 마음 가는 대로 짠 시나리오로 말이다. 가령 요새를 조립하면 꼭 비밀문을 함께 만들었는데, 전쟁에서 요새를 방어하는 쪽은 이 비밀문을 이용해 눈부신 역전스토리를 일구곤 했다.

생각해보면 이 경험들도 나를 만든 핵심기억 중 하나일 것이다. 그때의 희열과 성취감이 실제 공간을 만들고 싶다는 생각에 영향을 미쳤을 테니까. 결국 책과 공간이라는 키워드는 모두 과거의 나를 지켜왔기에 탄생한 결과물이었다.

취미를 직업으로 삼아도 될까?

최근 어떤 모임에서 질문 하나를 받았다. 좋은 회사의 기준이 뭐라고 생각하는지였다. 잠시 고민한 뒤, 사람마다 기준은 다르겠지만 나는 내가 조금 더 나다울 수 있는 곳이 좋은 회사라고 말했다. 회사가 구성원의 욕망을 세밀하게 인지하고 키워주는 인적 인프라와 시스템을 갖춰야 가능한 일이다. 나아가 개인 또한 회사에서 자신을 잃어버리면 안 된다는 뜻이기도 했다. 내가 회사에서 나오게 된 결정적 이유가 바로 이것 때문이었다.

그때의 나는 일하는 자아와 그 외의 자아를 다 갖고 있었다. 회사에 다니며 그 자아를 모두 지키기 위해 악착같이 해왔던 것은 점심식사 후 짧은 산책과 출퇴근 전후 운동이었다. 이 두 가지는 회사와 관계없이 오랫동안 해오던 삶의 습관이었다.

운동은 회사 건물 지하에 있는 헬스장에서 했다. 8시 반 출근이라, 7시에 도착해서 운동하고 8시에 아침을 먹는 것이 일상이었다. 술을 마시거나 늦게 잔 다음 날에는 퇴근 후에 운동했다. 그런데 꼭 그런 날 갑작스럽게 당일 회식이 잡히곤 했다. 처음에는 몇 번 함께했지만 곧 약속 때문에 참석하기 어렵다고 이야기하게 됐다. 물론 그 약속은 운동을 의

미했다. 다음 날 더 열심히 일하기 위해 내게 필요한 것은 회식이 아니라 운동이었기 때문이다.

운동을 마친 뒤에는 종종 집에서 가볍게 술을 마시며 책을 읽었다(술이 마시고 싶긴 했나 보다). 처음에는 이대로 하루를 보내기 아쉬운 마음에 좋아하는 두 가지를 함께하자는 가벼운 마음이었는데, 소설과 함께하는 술 한잔이 감정의 기폭제가 됐다. 등장인물에 빙의한 듯, 그들과 더 가까워진 기분이 들기도 했다. 하루는 레이먼드 챈들러의 추리소설《기나긴 이별》을 읽는데, 김렛Gimlet*이 등장하는 부분을 보니 정말 술 생각이 간절해졌다.

> "여기 사람들은 김릿 만드는 법을 잘 모릅니다. 사람들이 김릿이라고 부르는 것은 그냥 라임이나 레몬주스와 진을 섞고 설탕이나 비터(칵테일을 만들 때 쓰는 약간 쓴맛이 나는 감미료 -옮긴이)를 약간 탄 것에 지나지 않아요. 진짜 김릿은 진 반, 로즈 사의 라임주스 반을 섞고 그 외에는 아무것도 섞지 않는 거죠. 마티니 같은 것은 비교도 안 됩니다."
>
> -《기나긴 이별》, 레이먼드 챈들러, 박현주 옮김, 북하우스 펴냄

---

* 칵테일 Gimlet은 김렛 혹은 김릿이라고 읽는다.

이 대목은 칵테일이 등장하는 수많은 문학작품 중에서
도 가장 유명한 문장으로, 등장인물 테리 레녹스의 대사다.
주인공은 사립탐정 필립 말로인데, 낭만과 의리와 고독 그
자체인 사람이다. 소설은 필립 말로가 술에 취해 쓰러져 있
던 테리 레녹스를 도와주면서 시작되고, 이 일을 계기로 둘
은 바에서 술을 마시며 우정을 나눈다. 여기서 항상 등장하
는 술이 바로 김렛이다. 이 칵테일을 너무 좋아하는 테리 레
녹스는 김렛이란 반드시 자기 레시피대로 마셔야 한다고 강
력하게 주장하는데, 특히 마지막 문장은 과히 도전적이었다.
'칵테일의 왕' 마티니와 비교도 안 된다니! 아니, 대체 어떤
맛이길래?

이 대목을 읽으며 테리 레녹스의 레시피대로 만든 김렛
을 마실 수 있다면 지금까지 맛보지 못한 풍부한 독서 경험
이 될 것 같았다. 마치 필립 말로와 테리 레녹스가 되어 바에
앉은 기분이랄까. 하지만 이런 호사스러운 경험을 누릴 만한
장소가 떠오르지 않아 냉장고에서 맥주를 꺼내 아쉬움을 달
랬다.

책 속의 술을 마시고 싶다는 욕망은 조주기능사 자격증
을 공부하면서 더 커졌다. 조주기능사는 칵테일 전반을 다루
는 필기시험과 실기시험을 거쳐 취득하는 국가공인자격증
이다. 100%를 채워주지 못했던 회사생활의 아쉬움을 달래

기 위해 공부를 시작했는데, 당시의 고민과 연결되는 부분까지 발견하게 됐다. 바로 전문성에 대한 고민이었다.

그때 나는 브랜드 매니저가 스페셜리스트보다는 제너럴리스트에 가깝다는 사실을 절감하고 있었다. 이런 고민을 거듭하다 보니 결국 나는 어떤 일을 잘하고 누구에게 도움을 줄 수 있는지에 대한 의문으로까지 이어졌다. 오죽했으면 재수했을 때 왜 문과로 전과했을까 하는 후회도 잠깐 했다. 그렇게 스스로를 집요하게 파헤치다 찾은 탈출구는 누군가에게 긍정적 영향을 주는 취미를 만들자는 것이었다.

취미는 크게 두 가지로 나눌 수 있다. 소비형 취미와 생산형 취미다. 소비형 취미는 단순하게 즐기고 끝나지만, 생산형 취미는 즐기는 데 그치지 않고 뭐든 발산할 수 있다. 예를 들어 영화를 본 뒤 재미있다고만 하고 끝내면 소비형 취미지만, 글을 쓰거나 그림을 그리는 등의 방식으로 자기 감상을 표현한다면 생산형 취미가 된다. 나아가 다른 사람에게 좋은 영향을 미치는 취미도 생산형이라 할 수 있다.

그런 의미에서 나는 소비형보다는 생산형을 선호하며, 그중에서도 늘 베풀 수 있는 전문적인 취미를 가지고 싶었다. 나이가 몇이건 상관없이 말이다. 그때 떠오른 것이 조주기능사였다. 집들이에서든 야외활동에서든 사람들에게 내가 만든 칵테일의 풍미를 선사할 수 있다면 그 시간이 더 풍성한 기억으로 남을 것 같았다. 지금 생각해보면 취미가 직업이 된 셈이다.

이렇게 책과 술을 같이 즐기는 생활을 꾸준히 이어가다 보니 점점 공간을 향한 갈망이 커졌다. 책과 술이 함께 있는 공간이 생긴다면 퇴근길에 매일이라도 들르고 싶었다. 더구나 당시는 조주기능사를 공부할 때여서 책에 등장하는 모든 술을 만들 수 있을 것만 같았고, 동시에 회사에 심각하게 회의감을 느끼고 있던 차였다. 제품과 책과 공간 중 아직 못해본 한 가지, 즉 공간에 접근할 결심을 굳히게 된 시기였다.

5장

세상에 없던 공간을 구상하다

벤치마킹할 곳이 없다!

내가 만들 공간은 바bar인가, 서점인가?

책과 술을 함께 즐기는 공간을 만들겠다고 결심하자 머리 아픈 고민이 줄줄이 이어졌다. 가장 큰 문제는 롤모델, 즉 벤치마킹할 공간이 없다는 사실이었다. 누군가 먼저 길을 닦아놓았다면 열심히 따라갈 텐데, 이 길을 닦아야 할 사람은 다름 아닌 나였다. 아무리 사소한 거라도 결정을 내릴 때면 마치 다음 발짝에 바로 지뢰를 밟을 것처럼 불안했다. 고민을 구체적으로 털어놓을 만한 멘토도 없었다. 현명한 지인들이 곁에 있긴 했지만 아무래도 그들이 잘 아는 분야는 아니었다.

업에 대한 정의를 고민한 이유는 결국 매출과 수익을 확신할 수 없어서였다. 바라는 업종을 정하긴 했지만 더 무거운 고민이 내 취향과 대중 취향 사이의 괴리감에서 찾아온 것이다.

나는 퇴근 후 가볍게 한잔하며 책 읽는 것을 즐기고 싶고 소설 속에 등장하는 술도 맛보고 싶다는 욕망이 있지만, 다른 사람들은 이런 욕심과 거리가 멀어서 이 공간을 아무도 찾지 않을 수도 있었다. 나 혼자 좋아하는 거라면 취미생활에만 그쳐야 할 것 아닌가. 책과 술은 기름과 물처럼 도저히 함께할 수 없는 조합이라고 귀에 못이 박히도록 들었던 탓에 부담감이 컸다.

그렇다고 서점으로 정의하기에는 먹고살 자신이 없었다. 큐레이션을 할 수 있을 만큼 많은 책을 섭렵한 것도 아닐뿐더러, 책 한 권 팔아 얻는 수익은 기껏해야 판매가격의 20~30%이기 때문이다. 가령 1만 원짜리 책이라면 한 달 동안 쉬지 않고 매일 10권씩 팔아야 100만 원을 벌 수 있다. 관리비, 월세 등의 지출은 고려하지도 않은 금액이다. 또 책이란 맛집처럼 사람들이 줄 서서 사가는 물건도 아니다. 신문에는 성인 연평균 독서량이 또 감소했다는 기사가 연일 실린다. 한술 더 떠, 온라인 서점과 중고 서점의 등장으로 오프라인 서점에서 책을 사는 경우는 더욱더 희박해졌다.

그렇다면 결국 책과 술 두 가지를 잘 합쳐야 하는데, 어느 정도 비율로 어떻게 버무려야 할지 확신할 수 없었다. 북바이북처럼 서점에서 맥주를 마실 수 있는 정도의 조합이 이미 있기는 했지만 내 공간에서 똑같이 하기는 내키지 않았다.

절박한 심정으로 도서관에서 검색을 거듭하다 책 한 권을 발견했다. 《도쿄의 북카페》라는 책이었다. 가볍게 넘기며 읽어보니, 북카페라는 제목과 달리 실제로는 술집 같은 공간들도 보였다. 그렇다. 책과 술이라는 키워드에서 조금 앞서 있는 가게들이었다. 일본은 인구부터 우리나라의 두 배가 넘기 때문에 내수시장이 활발하다. 수요가 크니 다양성도 확장되기 마련이어서, 주류업계 또한 오래전부터 위스키와 진 등 다양한 증류주를 만들어왔으며 주류세도 낮아 소비자가 즐길 수 있는 범위가 넓다. 출판업계는 두말할 것도 없다. 특히 그즈음에는 다이칸야마에 있는 츠타야 티사이트Tsutaya T-SITE 가 이미 우리나라의 서점을 포함한 B2C 공간에 큰 영향을 주고 있어서, 분명 도쿄에 가면 만들고 싶은 공간의 이상향이 있을 것 같았다.

첫 출장, 이상향을 꿈꾸다

2015년 6월, 누가 봐도 빡빡하게 짠 2박 3일 일정으로 도쿄에 갔다. 백수 신분이지만 휴가차 한가하게 놀러간 여행이 아니라 명백한 목적이 있는 출장이었다. 말하자면《도쿄의 북카페》탐방이었다.

책에 나온 장소 중 몇 군데를 추리고 추린 후, 생생한 기록을 위해 카메라와 펜과 노트 그리고 줄자까지 챙겼다. 펜과 노트는 글보다 간단한 그림을 그리기 위해서였다. 줄자는 가게 의자에 직접 앉아보거나 좌석 사이를 걸어본 후, 사용자에게 적당한 크기는 어느 정도인지 수치를 재서 기록하면 도움이 될 것 같아서 챙겼다. 하지만 아무리 외국이어도 가게에서 대놓고 줄자를 들이미는 행동은 예의가 아니어서, 떠나기 전날 밤 방바닥에 쭈그려 앉아 줄자로 손 한 뼘과 검지의 길이를 쟀다. 그야말로 인간 줄자의 탄생이었다! 예를 들어 A카페의 테이블 너비를 인간 줄자로 재면 '세 뼘+두 검지'라는 식이다. 앞으로 모을 데이터들이 실제 공간을 구현할 때 얼마나 도움이 될지 모르겠지만 마음만은 무척 든든했다.

2박 3일 동안 목표했던 8군데 중 6곳을 방문했다. 한 곳은 공지 없이 휴무 중이었고 한 곳은 폐업했다. 그중 세 곳에

대한 기록을 그대로 옮기고 어떤 인사이트를 얻었는지 적어
보겠다.

캣츠 크래들 Cat's cradle

- 약 20평, 2명 근무
- 1인석이 구비되어 있어 혼자 오는 사람들이 많다.
- 점심시간이라 그런지 술 마시면서 책 읽는 사람이 없음.
- 여기서 소개팅을 하는 사람들도 있다.
- 책상마다 스탠드를 놓아두었고, 탈부착식도 있다.
- 대학교 바로 근처지만 연령층이 다양하다.
- 바 형태 좌석이 존재하지 않는다.
- 진토닉의 가니쉬는 레몬과 스피어민트.
- 제빙기의 크기는 400×400×800mm으로 보이며, 일반 사각
  얼음으로 칵테일이 서빙된다.
- 충전 콘센트가 없다.

캣츠 크래들은 일본의 명문사학인 와세다 대학 인근의
북카페다. 책으로만 접했을 때는 대학가이니 손님도 대부분
학생일 줄 알았다. 하지만 연령대 관계없이 가게의 차분한
분위기를 좋아하는 사람들이 찾아오는 것 같았다. 그들은 먹
거나 수다를 떨거나 심지어 소개팅을 하기도 했다(언어장벽

때문에 대화 내용을 알아듣지는 못했지만 표정과 행동을 보면 분명 소개팅이었다). 혼자 온 손님들도 많았는데, 대부분 뭔가를 먹으며 책을 읽었다.

인상적인 점은 마치 독서실 같은 1인석이 있다는 것이었다. 혼자 온 이들은 대부분 그 좌석에 앉았다. 나도 홀로 방문한 이들이 편안한 시간을 보낼 수 있도록 1인석을 만들어야겠다는 생각을 했다. (이 글을 쓰면서 오랜만에 검색해봤는데, 안타깝게도 폐업 소식을 접했다.)

츠타야 T사이트Daikanyama Tsutaya T-SITE

- 멋진 단독주택이 있는 고즈넉한 동네에 위치.
- 건물에 들어가는 순간 공간이 주는 바이브가 너무너무너무 멋졌음.
- 츠타야 서점이 스타벅스를 파트너로 정한 것은 신의 한 수. 연결이 절묘하다.
- 하지만 스타벅스에 앉은 사람들은 책을 읽기보다 노트북으로 일하는 경우가 대부분.
- 1인이 앉을 수 있는 테이블 크기는 800×920mm인데, 마주보는 형태로도 앉을 수 있으며 이 경우 1인당 420mm의 공간을 확보 가능하다. 가운데 80mm는 서점에서 추천하는 책이 북스탠드에 세워져 있다. 자연스럽게 책을 꺼내 들춰

보게 됨.

- 분명 서점인데, 웬만한 가게보다 패셔너블한 사람들이 많음.
- 해당 섹션과 관련된 물건을 책과 함께 판매. 예를 들면 아웃도어 책과 아웃도어 상품을 함께 진열하는 형태. 실제 판매로 이어지는지 궁금하다.
- 다시 오고 싶다.

츠타야 서점은 출장을 떠나기 약 1주일 전 매거진 〈B〉 츠타야 편이 출간된 덕에 세세히 알 수 있었다. 의도한 것도 아닌데 절묘한 타이밍이었다. 책에 따르면, 마스다 무네아키 대표는 프리미엄 에이지라 불리는 50~65세를 타기팅해 한적한 부촌인 다이칸야마에 서점을 열었다고 한다. 그런데 실제로 가보니 오히려 젊은 연령층이 정말 많았다. 책을 좋아한다고 하면 흔히 떠오르는 심심하고 고루한 이미지가 아닌, 개성 강하고 패셔너블한 사람들이었다. 서점이라는 공간의 힘으로 매력적인 사람들이 모이도록 만든 것이다. 이것을 가능하게 만든 요인은 유려한 디자인의 건축물뿐 아니라, 책 판매에 그치지 않고 라이프스타일까지 제안한다는 츠타야 T사이트의 컨셉이었다. 내가 앞으로 만들 공간도 이래야 했다. 매력 넘치는 사람들이 기꺼이 올 수 있도록 책 이상의 가치를 제안하는 공간 말이다.

라이브러리 바 테제|Library Bar THESE

* 전체적으로 어두운 공간에 부분조명을 써서 분위기가 좋다.
* 대부분 둘이 온다. 책 읽는 사람은 없고 모두 대화를 나눈다.
* 책을 읽으려고 하니 너무 어둡고 옆사람과의 간격도 좁아서 포기.
* 결국 컨셉만으로 밀고나갈 것인지 진짜 책 읽는 공간이어야 할지 선택이 필요.
* 메뉴판이 책 디자인이고, 화장실에도 책이 있음.
* 절대 지거를 사용하지 않고 술을 넣음. 이것이 짬인가?
* 안주가 짭짜름하니 술이 더욱 당긴다.
* 책과 연결된 술을 판다면 진짜 전 세계 최초가 될 수도 있음.
* 전반적인 스킬과 운영을 배우려면 바에 가서 직접 보는 게 제일 좋다. 자주 다녀야겠다.

책으로만 접했을 때는 롤모델 느낌이 강했던 라이브러리 바 테제는 들어서자마자 느껴지는 분위기가 참 좋았다. 층고가 높아 대화 소리가 울리지 않고, 전체적인 조도는 어두운데 부분조명이 공간을 밝히고 있어 데이트하기 참 좋겠다고 생각했다. 하지만 내가 찾는 공간은 아니었다.

족히 4~5m는 될 높은 백바backbar*에는 책이 가득 꽂혀 있었지만 말 그대로 인테리어용이었다. 조명이나 인테리어 덕에 분위기가 좋으니 손님도 가득했고, 그만큼 굉장히 북적였다. 커플 사이 빈 좌석에 앉아 어렵사리 책을 펼쳤지만 이내 덮었다. 어둡고 좁은 곳에 끼어 앉아 책을 읽기보다는 앞에서 열심히 일하는 바텐더를 보는 게 나을 듯싶었다.

능숙한 손놀림으로 만든 칵테일을 여러 잔 마시며 많은 생각을 했다. 일본에서도 내 기대에 꼭 맞는 공간은 발견하지 못했다. 단지 어느 공간에 가든 책 읽는 사람은 꼭 한두 명씩 보였고, 웬만한 카페에서도 잔술을 마실 수 있다는 게 우리나라와 다른 점이라는 결론을 내렸다. 술기운 때문인지 그 순간 오히려 두려움은 사라지고 책과 술을 동등하게 함께 즐기는 공간을 빨리 만들고 싶다는 강렬한 열망이 샘솟았다. 이런 공간은 아마 아시아권에는 없을 것 같았고(물론 내가 발견하지 못했다고 해서 없는 것이라 할 수는 없지만), 만약 그렇다면 내 공간이 스타트를 끊을 수도 있는 것이다. 결론적으로 출장은 벤치마킹보다 스스로에 대한 확신을 갖게 해줬다는 점에서 의의가 있었다. 이제부터 정말 시작이었다.

---

* 바 뒤편에 술을 놓아두는 선반

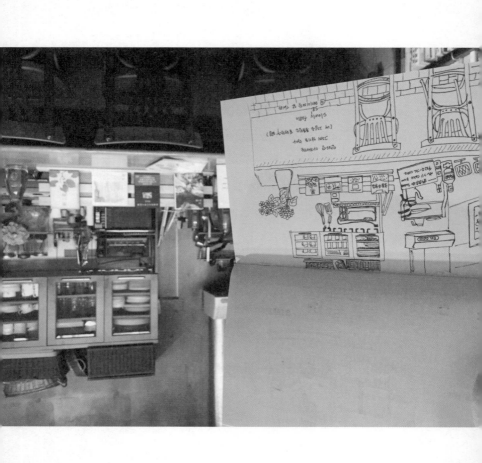

위스키 성지여행

이제 진짜 시작이라는 단호한 마음가짐은 오래가지 못했다. 마치 새벽에 쓴 감성 가득한 글을 아침에 다시 읽는 느낌이었다. 생각을 거듭해보니, 단순히 신선한 컨셉만 가지고는 도무지 승부를 볼 수 없을 것 같았다. 다른 바나 서점에 견줄 수 있는 전문성 또는 차별성이 더 필요했다.

때마침 친구가 무라카미 하루키의 《위스키 성지여행》을 선물해줬는데, 책이 워낙 얇기도 하고 하루키의 에세이는 특히 좋아하는 편이라 가벼운 마음으로 펼쳤다. 하지만 그 책의 서문은 결코 가볍게 내려놓을 수 없었고, 지금도 내가 꼽는 최고의 미문 중 하나로 간직하고 있다.

만약 우리의 언어가 위스키라고 한다면, 이처럼 고생할 일은 없었을 것이다. 나는 잠자코 술잔을 내밀고 당신은 그걸 받아서 조용히 목 안으로 흘려 넣기만 하면 된다. 너무도 심플하고, 너무도 친밀하고, 너무도 정확하다. 그러나 유감스럽게도 우리의 언어는 그저 언어일 뿐이고, 우리는 언어 이상도 언어 이하도 아닌 세상에 살고 있다. 우리는 세상의 온갖 일들을 술에 취하지 않은 맨 정신의 다른 무엇인가로 바꾸어 놓고 이야기하고, 그 한정된 틀 속에서 살아갈 수밖에 없다. 그러나 예외적으로, 아주 드물게 주어지는 행복한 순간에 우리의 언어는 진짜로 위스키가 되기도 한다. 그리고 우리는—적어도 나는— 늘 그러한 순간을 꿈꾸며 살아간다. 만약 우리의 언어가 위스키라면, 하고.

— 《위스키 성지여행》, 무라카미 하루키, 이윤정 옮김, 문학사상 펴냄

하루키는 위스키의 고향인 스코틀랜드와 아일랜드에 방문하여 증류소를 견학하고, 자신이 경험한 그들의 음주 문화를 글로 남겼다. 그 경험이 얼마나 재미있던지, 서문부터 마지막 문장까지 읽는 데 한 시간도 걸리지 않았다. 책 속 발자취를 따라갈수록 가슴이 뛰었다. 나도 하루키의 여정처럼 증류소에 가서 위스키가 어떻게 만들어지는지 직접 살펴보고 그 문화를 경험한다면 분명 의미 있을 것 같았다. 바로 비행기 티켓을 끊었다. 그중에서도 특히 매력적이라는 아일레이에 가야만 했다.

아일레이는 스코틀랜드의 섬으로, 우리나라로 치면 강화도 정도라 할 수 있다. 제주도의 3배 크기지만 인구는 3000명 가량으로, 66만 명(2019년 행정안전부 주민등록인구현황 기준)인 제주도에 비해 굉장히 적다. 이 중 많은 사람들이 위스키 증류소에서 일한다. 즉 아일레이는 위스키의, 위스키에 의

한, 위스키를 위한 섬이다.

아일레이에서 탄생하는 싱글몰트 위스키는 일반적인 위스키와 다른 특징을 가지고 있다. 이탄(泥炭, peat)을 태워서 보리를 건조하기 때문에 스모키한 향이 나고, 증류소가 바닷가에 인접해 있어 짠내가 나기도 한다. 첫 모금을 마실 때는 독특한 향에 적응하지 못해 얼굴을 찡그리곤 하지만 계속 마시다 보면 푹 빠지게 된다. 그렇게 빠져든 아일레이 위스키 마니아들이 내 주위에도 참 많다. 나 역시 비 내릴 때마다 간절하게 생각나 종종 마시곤 한다. 이렇게 풍미와 문화가 독특한 곳인 만큼, 전문성이 더해진 차별화된 경험을 할 수 있으리라 확신했다.

아일레이 섬은 스코틀랜드 제2의 도시인 글래스고에서 비행기를 타고 갈 수 있다. 공항에 가보니 비행기라 하기엔 꽤 아담한 물체가 하나 놓여 있었다. 기껏해야 30명 정도 수용하는 크기에, 기장과 승무원은 각각 한 명씩이었다.

2~3일 중 하루는 비가 내리는 글래스고의 여름이지만 그날은 유독 하늘이 맑았다. 비행기 안전을 제법 걱정하는 편인 나조차도 이 정도 날씨면 안심할 만했다. 그런데 웬걸, 구름 한 점 바람 한 톨 없는 날씨인데 비행기가 쉴 새 없이 흔들렸다. 워낙 크기가 작고 수용 인원도 적기 때문에 무게가 가벼워 기류 변화에 민감했던 것이다. 나를 포함한 승객

전원이 긴장에 휩싸였다. 손에 땀이 줄줄 흘렀다. 혹시라도 추락하면 지금 입은 바람막이로 낙하산을 만들어야 하나, 떨어지면 바다 깊이 빠질 텐데 숨은 언제 들이쉬는 게 좋을까, 혹시 상어가 있으면 어떡하지 등 온갖 생각이 오갔다. 한 시간도 안 되는 비행시간이 참 길게 느껴져서, 아인슈타인의 상대성 이론은 불변의 진리라는 사실을 다시 한 번 깨달을 수 있었다(회사원 시절 주말은 그렇게 빠르게 지나가더니).

긴(?) 시간이 지나 비로소 비행기 바퀴가 땅에 닿자 승객 모두가 후~ 한숨을 내쉬더니 박수를 치기 시작했다. 알고 보니 이곳에서는 무사히 도착했다는 안도와 감사를 박수로 표현하는 문화가 있었다. 나는 그 누구보다도 열렬히 박수를 쳤다.

아일레이 공항은 지금까지 가봤던 그 어떤 공항보다도 아담했다. 처음에는 여기가 맞나 싶었지만, 공항을 가득 채운 위스키 진열장을 보고 내가 제대로 도착했음을 알 수 있었다. 진열장 덕분인지 공항에서부터 스모키한 위스키 향이 나는 것만 같았다.

대부분의 공항에서는 입국 절차를 밟은 뒤 안내데스크로 가면 그 나라에서 가장 미소가 아름다운 사람이 도심으로 가는 교통수단을 알려준다. 하지만 아일레이 공항의 안내데스크에는 사람이 없었고 택시기사 이름과 번호만 적혀 있었다. 10여 개의 이름 중 왠지 친절할 것 같은 '캐롤'에게 전화를 걸었다. 예상 적중, 듣기만 해도 인간미가 느껴지는 목소리가 전화를 받았다. 캐롤은 10분 뒤에 도착하니 조금만 기다리라고 했다.

캐리어를 끌고 공항 밖으로 나가니 저 멀리 드넓은 초원에서 소와 양이 풀을 뜯고 있었다. 평화롭고 안온한 풍경이었다. 20분이 지나서야 도착한 캐롤은 나에게 양해를 구했다. 이유를 물어보니 집에서 빨래를 널고 오느라 늦었다고 한다. 오, 이것이 스코틀랜드 타임인가. 불쾌하게 느껴지지 않는 좋은 핑계였다.

하지만 위스키 증류소 투어 예약시간까지 얼마 남지 않아 마음이 급했다. 서둘러야 했다. 하지만 그녀는 지나치는 버스마다 인사를 건넸다. 심지어 창문을 열며 하와유, 하기도 했다. 여유로운 태도에 놀랐지만 이내 에라 모르겠다는 심정으로 아일레이 섬에 대해 이것저것 물었다. 가장 궁금했던 것은 교통수단. 보통 버스와 택시로 다니는데, 버스 배차 간격은 길고 택시도 우리나라처럼 시간 맞춰 오지 않는다. 자전거가 답이었다. 혹시나 싶어 자전거를 빌려주는 가게가 있는지 물었지만 캐롤은 명료하게 없다고 대답했다. 실망하려던 찰나, 그녀는 자전거를 많이 가지고 있는 지인이 있으니 그 사람을 찾아가라는 말을 덧붙였다. 그렇게 기적같이 자전거를 빌릴 수 있게 됐고, 더불어 위스키 증류소에도 늦지 않게 도착했다. 하긴 그녀가 공항에서 증류소까지 손님을 한두 번 태워봤겠는가.

아일레이에 머무는 2박 3일 동안 라가불린, 라프로익, 보모어, 아드벡 4곳의 증류소를 방문했다. 보리부터 시작해 발아, 건조, 당화, 발효, 증류 그리고 마지막 숙성 과정까지, 내 몸의 모든 감각기관을 이용해 체험하고 배울 수 있었다. 특히 코가 가장 즐거웠다.

증류소도 각양각색이라, 전통을 지키려는 곳이 있는가 하면 현대 기술을 잘 활용한 곳도 있었다. 각자 개성은 뚜렷하지만 좋은 위스키를 만들려는 열정만큼은 모두가 한마음이었다. 가장 인상적이었던 곳은 마지막 날 방문한 보모어 증류소였다. 운 좋게도 비 내리는 날 방문했는데, 웰컴 드링크로 건네준 보모어 12년산이 유독 맛있었다. 세상에 있는 모든 근심을 누그러뜨릴 만한 맛이었다. 역시 하루키의 표현대로 술은 생산지에서 가까울수록 맛있는 법이다.

투어가 끝나갈 무렵 안내받은 방에는 통에 든 각종 향신료와 함께 검은 안대가 놓여 있었다. 직원의 지시에 따라 안대를 긴 뒤 각각의 향신료와 위스키 향을 비교했다. 처음에는 위스키 향을 맡고 어떤 향신료의 특징이 있는지 추측해

보도록 한 뒤, 다음에는 반대로 향신료 향을 먼저 맡고 위스키를 연결해보게 했다. 신비로운 경험이었다. 육두구 냄새를 맡아본 후 위스키에 코를 대보니 향이 그대로 옮겨간 것처럼 느껴졌다. 레몬이나 꿀 등도 마찬가지였다.

잊지 못할 또 하나의 경험은 위스키를 마시는 아일레이 섬의 독특한 문화였다. 바다로 둘러싸인 덕에 아일레이에서는 다채로운 해산물을 즐길 수 있는데, 그중 최고봉은 굴이다. 사실 나는 굴을 좋아하지 않는다. 특유의 비릿한 풍미를 선호하지 않을뿐더러, 처음 굴을 먹었을 때 신선도가 좋지 않아 탈이 났던 기억도 있다. 그런데 아일레이 사람들의 굴 먹는 방식에는 눈길이 안 갈 수 없었다. 오이스터 루지Oyster Luge라고도 불리는, 스모키하고 짠내 짙은 아일레이 위스키와 조합해서 먹는 것이다.

먼저 한 손으로 반깐굴(하프셸)을 집는다. 그리고 다른 한 손으로 아일레이 위스키 병을 들어 반깐굴 위에 붓는다. 위스키와 굴이 서로 스미도록 10초에서 20초 정도 기다린다. 포크나 젓가락으로 굴을 살살 긁어 떼어낸 뒤 껍질을 들어 후루룩 먹는다.

아무리 굴을 어려워하는 사람이라도 이 조합은 꼭 도전해야 했다. 숙소 근처 레스토랑으로 달려가 굴과 위스키를 주문했다. 혹시나 이번에도 안 좋은 기억으로 남는다면 앞으로 평생 굴을 먹지 말아야겠다는 생각과 함께. 들었던 대로 반깐굴을 껍질째 집어들고, 위스키를 부은 뒤, 혹 들이켰다.

오…

그동안 경험하지 못했던 독특한 풍미였다. 굴의 비릿함을 아일레이 위스키의 스모키함이 적절하게 잡아주면서 개성과 균형을 모두 갖춘 향이 만들어졌다. 탱탱하게 부풀어오른 살을 씹으니 위스키의 쓰고 짠맛이 배어나왔다. 쉬지 않고 5개를 먹었다. 아일레이의 바다에서 탄생한 두 창조물을 제대로 섭렵한 셈이다.

그렇게 약 열흘 동안 스코틀랜드의 위스키 증류소와 각종 바 문화를 경험했다. 71가지 진을 구비하여 진토닉과 마티니의 조합만으로 100가지가 넘는 메뉴를 갖춰놓은 바, 킬트를 입은 채 사람 키만한 선반 사다리를 성큼성큼 올라가서 위스키를 꺼내주는 주인장의 바, 한국에서 마셨던 기네스를 부정하게 만드는 에든버러 공항의 어느 펍까지. 쉴 새 없이 먹고 마시기만 했지만 하나하나가 피가 되고 살이 된 순간들이었다. 그때의 경험은 아직도 생생해서, 책바 손님에게 술을 설명해드리거나 외부에서 위스키 테이스팅 클래스를 진행할 때 큰 도움이 됐다. 역시 직접 경험하는 것 이상의 배움은 없다.

굴의 비릿함을 아일라 위스키의 스모키함이 적절하게 잡아주면서
개성과 균형을 모두 갖춘 향이 만들어졌다. 탱탱하게 부풀어오른 살
을 씹으니 위스키의 쓰고 짠맛이 배어나왔다. 그때의 경험은 아직도
생생해서, 책바 손님에게 술을 설명해드리거나 외부에서 위스키 테
이스팅 클래스를 진행할 때 큰 도움이 됐다.

6장

낭만을 현실로 만드는 길목의 DIY

낭만은 끝났고 현실로 돌아왔다. 공간을 제대로 만들기로 마음먹었으니 지체 없이 구체적인 계획을 세우고 실행에 옮겨야 했다. 일본과 스코틀랜드에서 보냈던 시간은 무척 의미 있었지만, 회사원 시절 휴가처럼 자리를 비워도 월급이 나오는 상황은 더 이상 불가능했기에 통장을 위해서라도 이제는 움직일 필요가 있었다.

이번 장에는 실제로 가게를 만들어가는 각각의 단계에서 어떤 고민과 과정을 거쳤는지 담아보고자 한다.

네이밍: 시작이 중요하다

어떤 브랜드를 만들든 가장 재미있는 순간은 이름을 정할 때다. 브레인스토밍 단계지만 이미 대단한 브랜드를 탄생시킨 것 같아 우쭐해지기도 하고, 센스 넘치는 이름을 선보이고 싶어 두근거리기도 한다. 하지만 네이밍은 재미에만 그쳐선 안 되는 매우 중요한 작업이다. 몇 글자 안에 브랜드 정체성을 고스란히 담는 동시에, 사람들이 쉽게 기억하고 부를 수 있어야 하기 때문이다.

내 기준은 세 가지였다. 직관적이고, 기억에 남아야 하며, 보통명사화가 가능해야 했다. 니플리스에서 아쉬웠던 경험을 잊지 말자고 계속 다짐했다. 그럼에도 불구하고 첫 아이디어는 기껏 세운 기준과는 한참 동떨어져 있었다.

〈플라이 미 투 더 문Fly me to the moon〉은 줄리 런던과 프랭크 시나트라의 목소리로 널리 알려진 재즈곡이다. 나도 어릴 적부터 종종 듣곤 했는데, 이즈음에는 가사가 문moon 대신 북book으로 들릴 때가 있었다. 생각해보니 술을 마시면 날아갈 것 같은 느낌이 들기도 하니까 '나를 책의 세계로 이끌어 달라'는 의미로 연결할 수 있지 않을까 싶었다. 이 이상 낭만적인 이름은 세상에 존재할 수 없을 것 같았다. 그래서 첫 후보는 '플라이 미 투 더 북Fly me to the book'이 됐다. 들뜬 마음으로 10명 넘는 지인에게 이야기해봤는데, 단 한 명도 제대로 기억하지 못했다. 플라이 뭐시기부터 시작해서 플라이 투 더 스카이에 빙의한 플라이 투 더 북까지, 도저히 사용할 수 없는 이름이구나 싶었다. 낭만은 무슨, 얼른 걷어치운 뒤 내 기준에 다시 집중했다.

먼저 기억하기 쉽도록 글자 수를 5자 이하로 한정했다. 스타벅스, 애플, 나이키, 파타고니아, 프라이탁까지 내가 좋아하는 브랜드를 나열해보니 무엇도 5글자를 넘지 않았기 때문이다. 다음으로, 책과 술이라는 핵심 키워드를 드러내 새로운 업종임을 알려야 했다. 마지막으로 직관적이어야 했다. 처음 듣더라도 누구나 한 번에 이해할 수 있는 이름이면 좋을 것 같았다.

그 결과 책술, 북바, 책바, 북티니(Booktini, 책과 마티니의 합성어), 빠리(Bar Li, 바 라이브러리의 줄임말) 등이 나왔는데, 가지치기를 한 결과 북바와 책바가 남았다. 이 중 다소 심심할 수 있는 북바보다는 이름을 한 번 비튼 책바가 더 매력적으로 느껴졌다. 그렇게 내 공간의 이름은 책바가 됐다. 영문명도 Chaeg Bar와 Chaek Bar를 고민하다가, 외국인도 좀 더 한글다운 발음으로 읽을 수 있도록 전자를 선택했다. 다행히 각종 포털사이트, 이메일, 페이스북, 인스타그램, 특허정보

검색서비스를 뒤져보니 책바라는 이름은 한글로도, 영어로도 존재하지 않았다. 비로소 어엿한 브랜드로 사업자등록이 가능한 이름을 발견한 것이다. 추후 상표 관련 분쟁이 발생하지 않도록 변리사를 통해 특허등록까지 완료했다.

4년이 지난 지금, 책바라는 이름에는 여전히 만족하고 있다. 한 번 들으면 잊을 수 없는 이름인 데다, 뒤따라 생겨난 책과 술을 같이 권하는 공간들이 스스로를 책바라고 칭하고 있기 때문이다. 원하던 대로 고유명사가 보통명사가 된 셈이다. 수많은 포스트잇 유사품이 생겨나도 오리지널은 3M의 포스트잇인 것처럼.

부동산: 기준은 꼼꼼하게, 선택은 직감으로

부동산 알아보기는 네이밍만큼 재미있어 보이지만 정작 현실에 부딪히면 가장 크게 좌절하는 단계다. 부동산을 결정할 때 고려해야 할 요소는 크게 4가지로, 동네, 세부적인 위치, 크기, 그리고 가격이다.

동네
동네를 알아볼 때는 '업의 본질'과의 연관성을 가장 신경 썼다. 책바라는 공간의 특성상 당연히 책과 술을 좋아하는 사람들이 자주 갈 만한 동네여야 했고, 음식보다 음료를 주로 판매하기 때문에 1차로 갈 만한 맛집이 근방에 포진해 있어야 했다. 메인 타깃인 1인 가구가 어디에 많이 분포해 있는지 알기 위해 통계청 자료를 뒤졌다. 물론 내 사정도 고려했다. 새벽에 퇴근하기 때문에 집과 가까워야 한다는 것도 중요한 기준이었다.

그 결과 마포구와 서대문구 동네들이 눈에 들어왔다. 합정동, 망원동, 상수동, 연남동, 서교동 그리고 연희동이었다. 성수동도 동네 성격은 결이 맞았지만, 강변북로에서 극심한 교통정체를 겪은 뒤 바로 포기했다(당시 성수동에는 터줏대감 격인 카페 자그마치와 소녀방앗간 정도밖에 없었다).

동네를 정하고 나서는 열심히 부동산을 돌아봤다. 퇴사한 뒤였기 때문에 하루 종일 시간이 넉넉했지만, 그래도 다 보는 데 한 달 가까이 걸렸다.

세부적인 위치

동네를 대략 결정하고 나면 다음 단계에서는 대로변과 역세권 중 어디를 선택할지, 몇 층이 가장 적절할지 등을 결정한다. 당연히 월세는 접근성이 좋을수록 비싸다. 역에 가까울수록, 많이 노출되는 대로변일수록 값이 올라간다. 다행

히 책바는 비싼 월세를 감당하면서까지 역세권과 대로변을 고집할 필요가 없었다. 오히려 조금 숨겨진 장소에 있는 편이 좋았다. 지나가다 들르는 곳이라기보다는 확실한 목적을 갖고 찾아오는 공간이기 때문이다.

목적성이 있다는 말은 곧 공간의 결과 어울리는 사람들이 방문한다는 뜻이다. 조금 과장하자면 누구나 다 찾기에는 어려운 위치에 있어야 했다. 물론 가파른 오르막에 있어야 한다든가 버스에서 내려 수십 분을 걸어야 한다는 뜻은 아니다. 접근성은 괜찮지만 그 길로 갈 생각은 미처 못했던 곳, 가깝지만 숨겨진 건물이어야 했다. 하지만 가급적 지하는 피하고 싶었다. 월세가 저렴하다는 장점이 있지만, 볕이 들지 않고 습기에 취약하다는 단점 또한 명확했다. 더불어 가게를 어느 정도 외부에 노출시킴으로써 방문자에게 생길 수도 있는 마음의 진입장벽을 낮추려고 했다. 가보고 싶었어도 막상 문앞에 서면 들어가기 어렵게 느껴지는 공간이 있는데, 편한 마음으로 오는 공간이 되도록 하고 싶었다.

크기와 가격

동네와 세부적인 위치에서 어느 정도 방향을 잡았다면 이제는 크기와 가격도 고려해야 한다. 우선 혼자 운영하는 작은 가게를 찾아 집중적으로 방문했다. 나도 일단은 혼자 운영할 계획이었기에, 컨트롤할 수 있는 한도 내에서 받을 수 있는 손님은 최대 몇 명인지, 또 손님 입장에서는 서로 얼마나 떨어져 있어야 편안하게 느끼는지 등 운영자와 이용자의 상황을 교차로 상상하며 관찰했다. 그 결과 최소 10평은 넘어야 한다는 기준을 세웠다. 그보다 작으면 책은 인테리어에 그쳐서 단순히 술만 마시는 곳이 되고 말 것 같았다. 물론 30평에 좌석 15~16개 정도로 넉넉하고 넓은 공간을 만들어도 좋았을 것이다. 하지만 크기와 공간이 매력적이다 싶으면 역시나 정해둔 가격을 넘어섰다. 햇살이 좀 들어오고 주차공간이 넉넉하며 층고가 높고 화장실도 깔끔해서 가격을 물어보면 그야말로 '헉' 소리 나는 답이 돌아오곤 했다. 그러니 크기는 최소 기준에 맞춰두고 가격을 생각하는 게 나았다.

낭만과 현실의 균형은 중요하다. 이 공간을 만드는 목적은 단순한 자아실현이 아니기 때문이다. 정말 필요한 게 뭔지 잘 생각하고 선택하여 나만의 선을 지켜야 했다. 참고로 내가 정한 월세 상한선은 목표한 월매출의 10%였다.

고려해야 할 건 월세만이 아니었다. 한국에는 권리금이라는 특이한 부동산 관행이 있다. 영업하던 사람이 다음에 들어올 사람에게, 지금 자리·가게·인지도 덕에 장사가 잘될 것이라 기대하여 요구하는 금액이다. 크게 바닥 권리금, 영업 권리금, 시설 권리금, 이익 권리금이 있는데, 가장 신기한 건 바닥 권리금이다. 바닥 권리금은 가게 위치와 영업상 이점 등에 지불하는 대가로, 유동인구를 활성화시켰다는 일종의 수고비에 가깝다. 잘된 가게 다음에 들어오면 이전 가게가 만들어놓은 유동인구 혜택을 볼 확률이 높기 때문이다. 다만 부담스러울 정도로 높게 책정된다는 게 문제다. 위치나 업종마다 다르겠지만 일반적으로 1000만 원 단위라고 보면 된다. 하지만 작은 가게를 시작하는 대부분의 사람들에게 돈이 얼마나 있겠는가. 나 역시 권리금은 피해야 했다.

권리금이 없는 건물은 크게 세 종류다. 신축 건물과 리모델링하는 건물, 그리고 낙후 정도가 심해 권리금을 차마 요구할 수 없는 건물. 내가 노린 건 첫 번째나 두 번째였다.

동네와 세부 위치, 크기와 가격을 모두 고려한 끝에 연희동의 한 건물로 낙점했다. 연희동의 랜드마크인 사러가 쇼핑센터에서 1분 거리지만 안쪽에 숨겨져 있어 오래 산 동네 주민도 정체를 잘 모르는 곳이었다. 원래 이 건물은 개인 주택이었는데, 증축과 용도변경을 거쳐 가게를 열 수 있는 근린생활건물이 됐다고 한다. 당시 나는 서교동 신축 2층을 두고 고민 중이었지만, 연희동에서 리모델링 중이던 이 공간을 보는 순간 '여기다' 싶었다. 연희동은 태어나서 딱 한 번 와본 동네였지만, 한 달 내내 수십 차례 건물과 공간을 보다 보니 나름의 직감이 생겼나 보다. 결국 전혀 모르는 동네에서 사업을 시작하게 됐다.

셀프 인테리어: 인테리어는 누가? 내가!

부동산 계약까지 완료했지만 실패에 대한 두려움은 여전히 마음 한구석에 남아 있었다. 스스로 개척해야 하는 시장일 뿐 아니라 관련업계에서 일해본 경험도 없기 때문에 누가 봐도 실패할 확률이 더 높았다. 실패하더라도 다시 일어설 수 있도록 작게 실패해야만 했다. 그러기 위해서는 초기투자비용을 낮출 필요가 있었다. 마침 셀프 인테리어 이야기가 여기저기서 나오기 시작할 무렵이었다. 전기, 수도 같은 전문영역은 전문가에게 의뢰하되 나머지는 내 손으로 해보기로 마음먹었다.

건축가와 디자이너는 보통 CAD를 사용해서 설계하지만, 나는 당당히 파워포인트를 켰다. 줄자로 공간을 잰 뒤 파워포인트로 이상적인 배치를 이리저리 그려보았다. 바의 형태와 크기를 정하고, 테이블과 의자를 놓고, 콘센트와 에어컨도 설치했다. 그렇게 17차례 수정하고 나서야 최종 버전이 완성되었다. 나보다 앞서 가게를 열었던 학교 동아리 선배의 도움이 컸다. 선배는 자기가 그렸던 도면을 보여주며 훌륭한 나침반 역할을 해주었다. 시간이 지날수록 고마운 마음이 크다.

물론 파워포인트로 그린 도면은 CAD에 비해 디테일이 떨어질 수밖에 없다. 하지만 공간을 상상하는 힘은 누구보다도 자신 있었다. 가상의 손님을 생각하고 그들이 들어와서 다시 나갈 때까지의 모습과 동선을 머릿속에 그리고 또 그렸다.

다음으로 마스터 장표를 만들었다. 마스터 장표는 이름 그대로 책바에 대한 모든 정보를 하나의 엑셀 파일에 모은 것이다. 전체 일정부터 지출 내역, 메뉴 구성, 목공을 비롯한 각종 작업의 비교 견적 등을 한곳에 담았다. 작업이 시작되면 여러 가지 일을 동시에 해야 하기 때문에, 실수를 미연에 방지할 수 있도록 탄탄한 뿌리가 되어줄 자료가 필요했다.

가장 신경 쓴 건 일정 관리였다. 일반적으로 부동산을 계약할 때는 건물주와 협의해서 몇 주의 공사기간을 얻고 오픈 시기를 결정한다. 예를 들어 2주를 받았다면 2주가 지나는 시점부터 월세가 계산되는 것이다. 그래서 세입자 입장에서는 공사기간을 최대한 확보하는 것이 정말 중요하다. 처음 계약하는 사람들이 대부분 이 점을 놓치는데, 도장 찍기 전

공사기간 협의는 필수다. 보통 몇 주에서 길면 한 달 정도 주어지는데, 나는 운 좋게도 건물 리모델링 시기와 맞물린 덕에 두 달을 확보했다.

이 기간 동안에는 다양한 일을 동시에 해내는 멀티플레이어가 되어야 한다. 당연히 체력도 필요하고, 무엇보다도 꼼꼼해야 한다. F&B 공간을 만드는 사람이라면 누구나 들어야 하는 위생 교육부터 섣불리 하기 힘든 전기와 수도 작업자 섭외까지, 그전에는 상상도 못했던 일들을 시작했다. 작업자들은 실력이 좋을수록 바쁜 경우가 많아서, 내가 원하는 날짜에 작업할 수 있도록 촘촘하게 일정을 짤 필요가 있었다. 큰 줄기는 다음과 같다.

철거 – 수도 배관 – 전기 – 목공 – 페인트 – 냉난방기, 냉장고 및 기타 가구 설치 – 간판

맨 처음 수도 배관, 전기처럼 공간의 토대가 되는 작업부터 시작한다. 그 후 목공 단계에서 바와 책장 같은 큰 가구를 만들고 페인트칠을 한다. 페인트가 마를 때까지 기다린 후 냉난방기와 냉장고를 설치하여 기타 가구를 채운 다음 간판까지 만들면 끝이다.

글로 쓰자니 웃음이 나올 정도로 너무 간단해 보이는데,

실제로는 수많은 선택지와 어려운 결정과 시행착오의 연속이었다. 순서가 명확한 일이라, 일정이 조금만 어긋나면 마치 도미노가 무너지는 것처럼 다음 단계들이 줄줄이 미뤄지곤 했다.

어려운 일도 많았지만, 퇴사 후 넉 달이 흘러 결국 모든 준비가 끝났다. 이제 새로운 시작이다.

2부

책바를 열었습니다

손님 열 명 가운데 한 명이 '상당히 좋은 가게다, 마음에 든다, 또 오고 싶다'라고 생각해주면 그것으로 족하다. 열 명 중에 한 명이 단골이 되어준다면 경영은 이루어진다. 거꾸로 말하면 열 명 중 아홉 명의 마음에는 들지 않는다 해도 그다지 신경 쓰지 않아도 되는 것이다. 그렇게 생각하면 마음이 편해진다. 그러나 그 '한 사람'에게는 철저하게 마음에 들게 만들 필요가 있다. 그래서 경영자는 명확한 자세와 철학 같은 것을 기치로 내걸고, 그것을 강한 인내심을 가지고 비바람을 견디며 유지해 나가지 않으면 안 된다.

－《달리기를 말할 때 내가 하고 싶은 이야기》,
무라카미 하루키, 임홍빈 옮김, 문학사상 펴냄

1장

세상에 이런 바도 있습니다

2016년 10월, 동대문 JW메리어트 호텔에서 〈세상을 바꾸는 시간, 15분〉 강연을 들었다. 마침 여유로운 평일 오후이기도 했고, 연사로 나선 남수단 축구대표팀 임홍세 감독과 국립발레단 강수진 단장, 그리고 제이오에이치JOH & Company 조수용 대표의 이야기가 궁금해 걸음을 옮겼다. 모두 흥미로운 내용이었는데, 가장 인상적인 메시지는 조수용 대표의 입에서 나왔다. 그의 주제는 바로 크리에이티브였다.

그는 '나음보다 다름'이라는 키워드로 자신이 생각하는 창의성을 이야기했다. 기억에 남았던 이유는 그동안 몰랐던 이야기여서가 아니라, 내가 정의한 창의성과 다르지 않았기 때문이다. 덕분에 책바를 만들며 했던 생각과 행동에 재차 확신을 가질 수 있었다.

거창하거나 대단한 의미는 아니다. 그와 내가 공통으로 정의하는 창의성은 '스스로가 깊이 좋아하는 것'이었다.

우리는 어떤 행동을 할 때 나도 모르게 타인을 의식하곤 한다. '내가 이 옷을 입으면 다른 사람들이 어떻게 생각할까?', '이 회사에 다니면 나를 더 인정해주겠지?', '내가 이렇게 하면 안 좋아할 것 같은데'… 그렇게 타인의 시선과 생각에만 신경 쓰다 보면 점차 내 주관은 옅어진다. 가장 중요한 것은 내 생각과 관점 그리고 취향인데 말이다.

저마다 기준은 다르겠지만, 내가 생각하는 창의적인 사람은 크게 두 부류다. 하나는 예술가이고, 하나는 어린아이다. 피카소와 쇼팽 그리고 백남준 등은 한 시대의 패러다임을 제시한 예술가들이다. 아이의 자유로운 몸짓과 행동, 표현은 때때로 감탄을 자아낸다. 이들의 공통점은 자신이 하고 싶은 대로 마음껏 행동한다는 점이다. 예술가는 외부 시선과의 싸움에서 스스로를 밀어붙이고, 아이는 누구도 신경 쓰지 않고 본능적으로 움직인다. 다시 말하자면, 예술가와 아이는 자신이 깊이 좋아하는 것을 표현한다.

책바도 마찬가지다. 이곳은 내가 깊이 좋아하는 요소들이 모여 탄생한 공간이다. 때때로 사람들이 묻는다. '원래 바에서 술 마시는 거 좋아했어요?' '그렇게 술 마시다가 돈 아끼려고 바 차린 거죠?' 이제야 고백하건대, 나는 책바를 만들기 전에는 바에 가본 적이 거의 없다. 칵테일이 아니라 소주와 청하를 마시던 사람이었다. 즉 책바는 바에 대한 선입견이 없는 사람이 만든 바다.

책바를 만들기 전 스스로에게 던졌던 질문이 있다.

"책바가 어떤 공간이면 좋을까? 어떻게 하면 내가 자주 가고 싶은 바가 될까?"

가장 기본은 책과 술을 동시에 즐길 수 있는 공간이어야 한다는 것이었다. 좋은 재료로 만든 맛있는 술을 마실 수 있어야 하고, 책을 읽을 만한 조도를 갖춘 동시에 독서를 방해하지 않는 음악이 흘러야 한다. 그렇다면 가사가 있는 한국 노래나 팝보다는 잔잔한 재즈가 좋겠다. 시끌벅적하기보다 하루의 생각을 정리할 수 있는 차분한 분위기가 이상적이다. 운영하는 사람의 태도도 중요하다. 옷가게에서 점원이 밀착 마크하면 부담스러운 것처럼, 지나친 친절은 손님을 피곤하게 한다. 적당히 무관심해 보이지만 먼저 요청하지 않아도 물과 스낵을 알아서 챙겨주는 세심함이 있으면 좋을 것 같다. 휴대폰 충전이 자유롭도록 콘센트가 곳곳에 있으면 좋겠다. 마지막으로 공간 분위기의 격차가 크지 않았으면 좋겠다. 즉 한결같은 공간이어야 한다.

내가 자주 가고 싶었던 바는 위치가 좋다거나 유명한 바텐더가 있다거나 '힙한' 바가 아니었다. 오히려 스타벅스처럼 언제든 편하게 머물다 가는 곳에 가까웠다. 물론 사람마다 좋아하는 바는 다르고, 그저 내 취향이 이럴 뿐이다. 덕분에 책바는 혼자 오는 손님 비중이 월등하게 높다. 나도 한 팀에 3명이 넘는 손님은 받지 않고 바에서 큰 매출을 담당하는 보틀 판매도 안 하면서 각자가 자신과의 시간에 집중할 수 있는 분위기를 만들려고 한다. 어쩌면 또 다른 나일지도 모를 이 손님들은 책바에서 읽고, 쓰고, 생각하며 자신만의 호사스러운 시간을 보낸다.

시간이 지나면서 책바의 결에 동조하는 공간들이 하나둘 생겨났다(심지어 스스로 책바라고 칭하기도 하니 신기할 따름이다). 책과 술의 조화에 의문을 품는 사람도, 혼술에 부정적인 사람도 여전히 있지만 점차 새로운 음주문화가 만들어지고 있는 셈이다. 여러 바에서 술을 즐기는 '바 호퍼'들도 책바에 처음 오면 이런 바가 있는 줄 몰랐다며 말을 건네곤 한다. 첫 마디는 보통 이렇다.

"어떻게 이렇게 만들 생각을 하셨어요?"

나는 이렇게 대답한다.

"제가 매일 가고 싶은 바를 만들었어요."

책바를 만들기 전 스스로에게 던졌던 질문이 있다.

"책바가 어떤 공간이면 좋을까? 어떻게 하면 내가 자주 가고 싶은 바가 될까?"

2장

책바다운 공간 경험

책바 오픈 이후 강연요청을 종종 받는다. 일정상 여유가 있고 서로 결이 맞다고 판단하면 감사한 마음으로 수락한다. 강연을 하는 건 장점이 많다. 그동안 마주친 적 없는 사람들 앞에서 마음껏 이야기할 수 있을 뿐 아니라, 자연스레 홍보로도 이어진다. 더구나 부가수입도 생기니 그야말로 일석이조다(물론 시간과 돈을 투자한 사람들이 실망하지 않도록 좋은 콘텐츠를 전달해야 하는 건 당연하다).

무엇보다도 강연의 가장 큰 장점은 내 생각을 정리할 수 있다는 것이다. 적절한 논리와 흐름에 맞춰 콘텐츠를 만들어야 하기 때문에, 그동안 뒤죽박죽 쌓였던 생각과 행동을 본격적으로 꺼내서 다듬어보게 된다.

책바라는 공간에 대한 생각도 마찬가지다. 몇 달 전 새로운 문화를 주제로 이야기할 기회가 있었는데, 준비하는 동안 책과 술이라는 낯선 조합을 정착시키기 위해 어떤 노력을 했는지 곰곰이 생각할 수 있었다. 키워드는 디테일과 지속성이다. 나는 책바를 한마디로 소개할 때 '책과 술의 공감각을 구현하는 공간'이라고 이야기한다. 이곳에 온 손님들이 시각, 촉각, 청각, 미각, 후각 등 5가지 감각을 다채롭게 사용하여 공간을 경험할 수 있도록 장치를 만들었고, 큰 변화 없이 오랫동안 지속시켰기 때문이다. 그중 일부를 소개해볼까 한다.

눈으로 경험하다

공간의 브랜드 아이덴티티*를 구축하기 위해 가장 공들인 부분은 바로 메뉴다. 메뉴판을 책 형태로 만들어서 책 읽듯 한 장씩 옆으로 넘겨가며 보도록 했다. 더불어 시, 에세이, 소설, 계간지, 독립출판 등으로 목차를 구분해 장르와 미각을 연결시키려고 했다. 예를 들어 계절마다 발행되는 잡지인

---

* 브랜드 아이덴티티는 브랜드 소유자에 의해 집약된 것으로, 브랜드를 만든 사람이 '어떻게 소비자가 그 브랜드를 생각했으면 하는지'를 반영한다. The identity is assembled by the brand owner, it reflects how the owner wants the consumer to perceive the brand. (《The Dictionary of Brand》, Marty Neumeier 지음, AIGA 펴냄, 2004, p.20.)

계간지(발음 주의) 부분을 펼치면 계절에 어울리는 술이 적혀 있고, 독립출판에는 창작 칵테일이 모여 있다. 또 계절별로 업데이트할 때마다 몇 쇄인지도 표기했다.

핵심 메뉴에서도 책과 술을 최대한 연결하고자 했다. 크게 두 종류로 나눌 수 있는데, 먼저 소설 속에 등장한 술을 재현한 메뉴가 있다. 다자이 오사무의 《인간 실격》에 등장한 압생트를 비롯하여 스콧 피츠제럴드의 《위대한 개츠비》에 나오는 진 리키와 민트 줄렙까지, 책을 읽으며 너무나 마시고 싶었던 술들을 그 책의 문장과 함께 적었다. 그런데 하나둘 모인 메뉴를 보니 너무 재미있고 또 욕심이 생기는 것 아닌가. 다른 건 몰라도 술이 등장하는 문장만큼은 가장 많이 아는 사람이 되어야겠다는 다짐으로, 며칠 동안 도서관에 틀어박혀 눈에 보이는 소설을 죄다 훑어서 가득 모았다. 그야말로 문장 부자가 된 것이다. 이 문장들은 언제든 메뉴에 진출할 날을 기다리며 차곡차곡 쌓여 있다.

다른 한 가지는 책 제목 또는 작가의 이름에서 영감을 받은 시그니처 메뉴다. 책을 읽고 느낀 점을 맛으로 표현한 것도 있고, 단어 자체가 가진 의미를 활용한 경우도 있다. 예를 들어 영국 대문호의 이름을 차용한 셰익스피어(Shakes, Pear)는 진과 배 리큐어, 라임, 허브를 넣고 셰이킹해서 만든 칵테일이다. 배(pear) 리큐어가 들어간 상태로 흔들어서(shake) 만

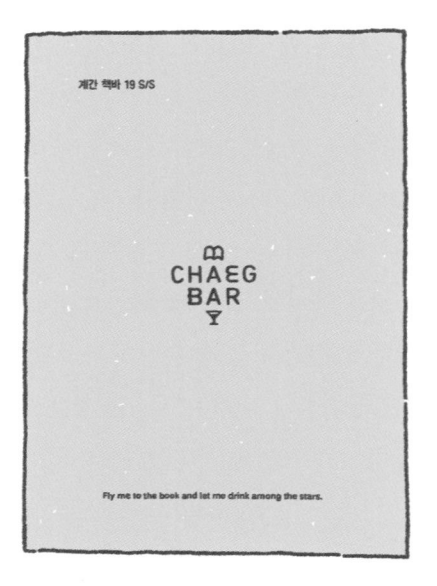

나는 책바를 소개할 때 '책과 술의 공감각을 구현하는 공간'이라고 이야기한다. 이곳에 온 손님들이 시각, 촉각, 청각, 미각, 후각 등 5가지 감각을 다채롭게 사용하여 공간을 경험할 수 있도록 장치를 만들었고, 큰 변화 없이 오랫동안 지속시켰기 때문이다.

들었으니 이름 그대로 셰익스피어다. 맛은 음료수 '갈아만든 배'의 성인 버전에 가깝다.

가게의 첫인상은 메뉴판에서 온다고 생각한다. 음식이 나오기 전 처음으로 마주하는 '가게의 작품'이기 때문이다. 완성도 여부를 떠나, 진심이 느껴지는 메뉴판이 있는 가게치고 맛과 서비스가 아쉬운 적은 없었다.

모든 것은 자연스럽게 연결된다. 사람을 떠올릴 때도 첫인상이 유독 오래 가기에, 나도 책바의 첫인상이 좋게 남도록 하고 싶었다. 그래서 처음 온 손님이 메뉴판 읽는 모습을 종종 곁눈질로 살펴본다. 반응이 궁금한 것은 어쩔 수 없다. 그의 얼굴에 미소가 번진다면 이미 절반은 성공이다.

귀로 경험하다

내 집중력은 쿠크다스형이다. 수많은 요소 중 한 가지만 어긋나도 파사삭 부서진다. 그 요소라는 것들도 온도, 습도, 소음, 테이블과 의자의 높이, 에어컨 바람의 방향, 배고픔 정도 등 원체 다양해서 나도 내가 피곤하다. 가장 중요한 건 소음이다. 얼마나 까다로운가 하면, 공간이 울릴 정도로 시끄럽거나 옆 테이블의 대화가 귀에 꽂힐 정도여도 안 되지만 반대로 너무 조용해도 이내 고개를 까딱이며 존다. 독서실 파와 도서관 파로 나누자면 그나마 후자에 가까운데, 개개인이 서로를 암묵적으로 관찰할 수 있고 소음도 적당하기 때문이다. 그런 이유로 스타벅스에서는 단체로 앉는 테이블 좌석을 선호한다. 그 자리에는 대개 혼자 온 누군가가 책 또는 노트북과 함께 자신만의 시간을 보내고 있다.

책바 역시 나 같은 쿠크다스형 인간도 책을 읽든, 글을 쓰든, 일을 하든, 멍을 때리든 온전히 자신만의 시간을 보낼 수 있도록 디자인했다. 청각에 가장 큰 영향을 미치는 BGM도 예외가 아니다. 스피커에서는 가사 없는 재즈가 은은하게 흘러나온다. 당연히 무작위로 골라낸 곡이 아니다. 1년 365일 24시간 귀를 열어두고, 어울리는 음악을 발견할 때마다 차곡차곡 업데이트한다.

더불어 열린 감각을 가진 사람이라면 조금 더 풍부한 경험을 할 수 있도록 책 속에 나온 음악들을 플레이리스트 곳곳에 넣어두어서, 마치 소설 속 등장인물처럼 술을 따라 마시며 음악을 듣는 경험을 할 수 있다. 예를 들어 패트리샤 하이스미스가 쓴 《캐롤Carol》을 읽으며 주인공 캐롤이 즐겨 마시는 올드패션드를 함께 홀짝이고 동명의 영화에 나오는 조 스태포드의 〈No other love〉를 듣는다면 시각과 미각 그리고 청각이 서로 전이되는 듯한 경험이 될 터다.

음악과 어우러지는 분위기도 중요하다. 대화는 타인에게 피해가 가지 않도록 소곤소곤 해야 한다. 공간을 채우는 소리는 스피커를 통해 나오는 음악, 셰이커에 얼음을 넣고 흔드는 소리, 뱅쇼가 다 끓었을 때 삑— 나오는 기계음, 손님과 나누는 짧은 인사말 정도. 이렇게 다채로운 ASMR이 음악에 더해져 공간의 경험을 만든다.

그리고 와이파이

가게들의 와이파이 비밀번호는 대체로 비슷하다. 가장 흔한 건 설치했을 때의 번호를 그대로 쓰는 경우. 그런데 이 비밀번호는 4dl1st2jd처럼 영어와 숫자가 뒤섞여 있어 입력하기도, 기억하기도 쉽지 않다. 변경했다 해도 00000000이나 12345678 정도다. 하지만 나는 와이파이 비밀번호로도 손님에게 재미를 전달하고 공간이 가진 센스를 뽐낼 수 있다고 생각한다. 이 또한 하나의 중요한 마케팅 요소라는 이야기다.

그렇다면 책바의 와이파이 비밀번호는 무엇일까. 처음에는 'readanddrink'였다. 읽고 마시는 책바의 정체성을 드러내

고 싶었다. 그런데 문제가 발생했다. 물어볼 때마다 알려드
렸는데 손님 중 누구도 한 번에 이해하지 못했다. 단어 조합
이 어려운 건지 아니면 내 영어 발음 문제인지 아직도 미스
터리다(후자가 아니라고 믿어달라).

고민하던 차, 단골손님이 누구라도 단번에 알아들을 문
장이어야 한다며 장난 반 진심 반으로 후보 하나를 제안했
다. 그렇게 책바의 와이파이 비밀번호는 'kissmebaby'가 됐
다. 책바와 아무 상관 없는 단어지만 누구나 한 번에 이해하
며 피식 웃는다. 처음에는 나부터 민망해서 눈 둘 곳을 몰랐
지만 이내 마음을 굳게 먹었다. 기왕 하는 김에 강하게 밀고
나가자고. 이제는 당당하게 먼저 양해를 구하고 눈을 마주치
며 이야기한다. 다만 여자 손님에게는 정말 실례가 될 수 있
으니 슬며시 비밀번호가 적힌 메뉴판을 펼쳐 보여드린다. 조
만간 바꿔야지 하며 임시로 만든 비밀번호였는데 벌써 4년
이 흘렀다.

책바의 영향인지 다른 공간에 가서도 와이파이 비밀번
호를 유심히 살펴보는 습관이 생겼다. 2018년 봄, 동서식품
에서 야심차게 준비한 맥심플랜트가 제일기획 본사와 한강
진역 사이에 지어졌다. 저렴한 믹스커피의 대명사 동서식품
이 고급화를 어떻게 이뤄냈을지 궁금한 마음이 컸다. 비슷한

사례인 강남의 이디야 커피랩과 비교하는 재미도 있을 것 같았다. 그렇게 찾아가본 공간은 기대 이상으로 만족스러웠다. 비즈니스 미팅, 데이트, 개인 업무 등 다양한 용무가 모두 가능하도록 잘 구획된 좌석이 인상적이었다.

하지만 조금 아쉬웠던 점이 있다면 다소 평범한 와이파이 비밀번호(maximplant2018)였다. 흥미롭게도 당시 맥심플랜트 바로 옆에는 스타벅스 리저브가 있었는데, 동서식품과 스타벅스 모두 각자의 영역에서 압도적인 1등 브랜드인 만큼 오픈 전부터 두 공간을 비교하는 세간의 관심도 높았다. 오늘 맥심플랜트에 온 고객이 내일은 스타벅스 리저브에 갈 수도 있고 그 반대일 수도 있는 것이다. 그렇다면 커피와 공간을 사랑하는 고객에게 우위를 점할 무언가가 필요한데, 와이파이 비밀번호도 그중 하나가 될 수 있지 않을까. 배우 안성기가 "커피는 맥심"을 강조하며 커피잔을 들고 인자한 미소를 짓던 어릴 적 TV 광고가 어렴풋이 생각났다. 스타벅스가 전 세계적으로 잘나간다지만 적어도 이 동네에서는 우리가 최고라며 귀여운 도발을 할 수도 있지 않을까. 그래서 페이스북과 인스타그램에 비밀번호를 'coffeeismaxim'으로 쓰면 더 재미있을 것 같다는 글을 썼다.

4개월이 지난 어느 날, 지인에게 맥심플랜트의 와이파이 비밀번호가 바뀌었다는 연락을 받았다. 내 제안이 흘러들어갔는지 'coffee=maxim'이 된 것이다. 그 공간에 대한 나의 애정이 커졌음은 물론이다. 그 후로 한강진에서 카페 갈 일이 생기면 자연스레 맥심플랜트로 향하곤 한다.

3장

모두 예술가가 되는 공간

지금까지 책바라는 공간에 뼈를 만들고 살을 붙이는 작업을 했다면 이제는 영혼을 불어넣을 차례였다. 다른 공간과의 경쟁에서 우위를 차지하는 넘버원이 아닌, 완전히 독자적인 영역을 구축한 온리원이 되어야 했다. 그 방법을 찾기 위해서는 또다시 나 스스로에 대해 깊이 생각하는 시간이 필요했다.

지금까지의 음주 경험을 돌이켜봤을 때, 나를 포함한 대부분은 알코올이 들어가면 감정을 발산하고 싶은 마음이 커지는 것 같다. 물론 얼마나 들어갔느냐에 따라 누군가는 노래방에서 노래를 부르고 누군가는 새벽 1시에 '자니?'라는 문자를 보낸다(그리고 다음 날 일어나서 후회한다). 그 말인즉슨, 적당한 알코올은 사람의 감수성과 용기를 증폭시킨다는 의미다. 피카소나 헤밍웨이처럼 각자의 영역에서 빛을 발한 인물들도 모두 술을 사랑했으니 창의성과도 연결할 수 있다.

알코올 덕분에 발산되는 에너지를 의도한 방향으로 이끌 수 있다면 흥미로운 결과물이 나올 것 같았다. '빌보드 차트'라는 이름의 백일장이 이렇게 탄생했다.

한 달에 한 번, 책바는 공간 한 편에 놓인 빌보드 차트를 통해 주제를 알린다. 주제는 이상형, 봄, 거짓말, 우리 동네 등 가급적 사람에 따라 다양한 생각을 펼칠 수 있는 단어로 선정한다. (아마도 적당히 알코올에 물들었을) 손님들은 각자의 내밀한 생각과 감정을 담아 글을 써서 붙인다. 그 후 다른 손님들이 오가며 글을 읽고 마음에 드는 작품에 투표한다. 한 달 뒤, 책바는 가장 많이 득표한 3명에게 원 프리 드링크를 제공한다. 간단히 말하자면 글을 쓰고 공짜 술도 마실 수 있는 일석이조 이벤트다.

일종의 가설에서 시작된 빌보드 차트는 시간이 흐르며 점점 자신의 잠재능력을 드러내는 채널이 됐다. 주제도 일견 사소해 보이는 데다 몇 문장 적지 못할 작은 종이에 쓰였지만 단단하고 힘 있는 글들이 속속 탄생했다. 같은 주제인데 다른 사람들은 어떻게 생각하고 경험했는지 엿볼 수 있다는 건 빌보드 차트가 주는 큰 매력이었다.

빌보드 차트는 공간의 결에 어울리는 커뮤니티 역할도 해냈다. 기본적으로 책바는 조용한 분위기를 지향하기에 일반적인 카페나 바에서 이루어지는 낯선 이와의 소통이 쉽지 않다. 그런데 차트에 써놓은 글을 통해 지금 이 순간뿐 아니라 과거와 미래에 방문하는 누군가와도 대화할 수 있게 된 것이다.

선순환은 여기서 끝나지 않고 점점 커져갔다.

정신없이 일하다 보니 어느새 1주년이 다가왔다. 대부분의 공간에서는 기념일을 맞이하여 행사를 하곤 한다. 어떤 곳은 손님들을 초대해 파티를 열고, 어떤 곳은 일정 기간 동안 감사제라는 명목으로 특별 할인을 하거나 선물을 증정한다. 나도 처음에는 파티를 할까 고민했다. 하지만 어느 날, 그동안 쌓인 빌보드 차트 글을 읽다가 다른 방식으로 기념일을 보낼 수 있겠다는 생각이 들었다. 이 좋은 작품들을 더 많은 사람과 공유하고 싶다는 마음과 함께.

책바를 자주 찾는 손님들은 기본적으로 글과 술 모두 사랑한다. 글을 사랑한다는 것은 읽는 행위 혹은 쓰는 행위를 즐긴다는 의미다. 그중에서도 글을 즐겨 쓰는 사람들은 백이면 백 자기 이름으로 책을 출간하는 꿈을 지니고 있다. 나 역시 그런 마음으로 책바 오픈 전 독립출판을 하기도 했다. 지금은 독립출판 시장이 계속 커지면서 진입장벽이 낮아지긴 했지만 여전히 출간은 만만치 않은 일이다. 그렇다면 책을 내고 싶어 하는 사람들의 잠재욕망, 현실적인 출판의 어려움을 모두 고려해 매해 기념일마다 책을 만들면 어떨까? 그 결과물이 바로《우리가 술을 마시며 쓴 글》이다.

《우리가 술을 마시며 쓴 글》에는 당연히 1년간의 빌보드 차트 기록이 담긴다. 주제마다 가장 많은 표를 얻은 3명의 글과 함께, 아쉽게 순위권에는 들지 못했지만 인상적이었던 글도 추려서 실었다. 주제마다 약 10편의 글을 선정해 꼬박 12개월치를 실었으니 100편 넘게 수록된 셈이다. 첫 해는 빌보드 차트의 기록만 담았다가 이듬해부터 욕심을 내서 '책바문학상'을 만들었다. 세상에는 노벨문학상, 이상문학상, 각종 언론사의 신춘문예 등 역사와 권위를 고루 갖춘 문학상이 존재하지만 가벼운 마음으로 도전해볼 만한 문학상도 필요하다고 생각했다. 다만 기존 문학상에는 없는 특징이 있다. 책바문학상에 지원하는 작품은 글 어딘가에 술이 등장해야 한다. 부상은 상금이 아니라 꽤 맛있고 적당히 비싼 술 한 병, 그리고 수상자의 작품이 들어간 책이다.

그렇게《우리가 술을 마시며 쓴 글》의 표지에는 빌보드 차트와 책바문학상 작가들의 이름이 고루 새겨지게 됐다. 기념일은 9월인데, 사람들이 반팔 옷을 입을 즈음부터 책을 준

비하기 시작한다. 꽤 오래 걸린다는 소리다. 이렇게 책바를
운영하면서 책을 쓰고 판매할 뿐 아니라 직접 만들기까지 하
고 있다.

느슨한 가설로 시작한 빌보드 차트는 어느새 사람들이
책바를 찾는 이유가 될 정도로 많은 사랑을 받고 있다. 적당
한 알코올이 일깨워준 숨겨진 잠재력 덕분이다. 이렇듯 우리
모두는 글, 그림, 음악, 그 밖에 무엇으로든 예술가가 될 수
있다. 적어도 나는 그렇게 믿는다. 내가 운영하는 책바 또한
각자의 잠재된 능력을 (술김에라도) 끌어올릴 수 있는 공간이
됐으면 한다.

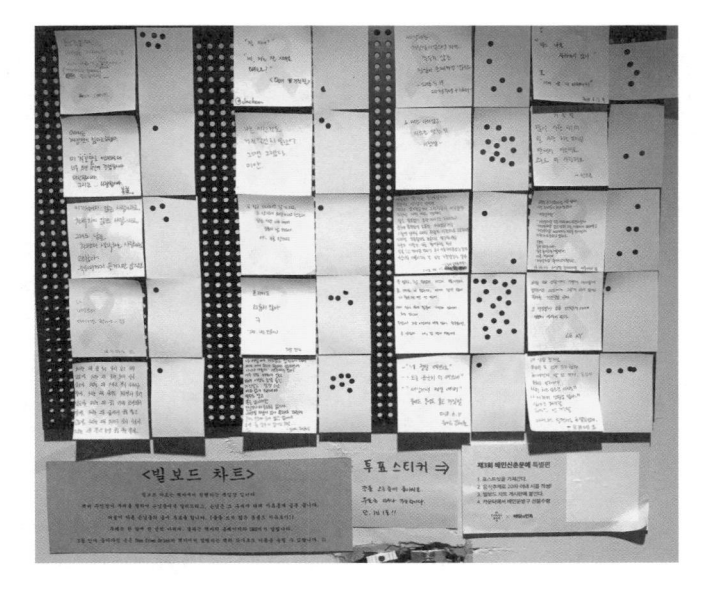

빌보드 차트에서는 작은 종이에 짧게 쓰였지만 단단하고 힘 있는 글
들이 속속 탄생했다. 같은 주제인데 다른 사람들은 어떻게 생각하고
경험했는지 엿보는 것은 빌보드 차트가 주는 큰 매력이다.

4장

1400일 동안 운영하다 보니

(2019년 7월 기준) 책바를 오픈한 지 1394일이 지났다. 혼자 일한 날 수도 똑같다. 오픈 때부터 빠짐없이 혼자 운영했으니까.

여느 공간과 마찬가지로 책바 역시 운영 면에서 할 일이 꽤 많다. 손님이 오면 인사와 함께 메뉴판을 건네고, 원하는 알코올 도수와 맛에 적합한 술을 추천하고, 읽고 싶은 장르와 기분 상태에 따라 책을 추천하고, 주문을 받고, 각양각색의 술을 만들거나 따르고, 물과 기본 안주를 함께 서빙하고, 편안히 머물 수 있도록 수시로 온도와 습도를 점검하고, 틈틈이 물과 안주를 채우고, 떠난 자리를 치우고, 잔을 설거지하고, 계산하고, 문 앞까지 나가 배웅한다. 손님은 한 번에 한 명이 오기도 하지만, 어떨 때는 10명 이상이 동시에 오기도 한다. 그때는 이 과정을 인원 수만큼 곱하면 된다.

적지 않은 일을 혼자 할 수 있었던 이유는 일의 강약을 적절히 조절했기 때문이다. 사람이 할 수 있는 노동의 총량이 있다고 했을 때, 스스로 능동적으로 움직이되 내 노동량 밖의 일은 손님이 조금 더 움직일 수 있도록 공간을 만들었다.

능동적으로 움직입니다

부모님은 내게 보통사람보다 조금 더 민감한 몸과 성격을 물려주셨다. 추위를 잘 타서 한여름에도 냉방병 방지를 위한 초경량 바람막이를 가방에 넣어 다니고, 만성 비염 때문에 코로 숨을 잘 못 쉬어서 주변 환경에 민감하다(신기하게도 냄새는 잘 맡는다). 위가 작아서 금세 포만감을 느끼지만 소화력도 뛰어나서 금방 허기가 찾아온다. 밤에 몇 시간을 자든 아침과 점심을 먹고 나면 식곤증이 몰려와서 한 번은 자야 정신을 차릴 수 있다. 한마디로 만만치 않은 몸이다.

이런 몸을 가진 만큼 자연스레 다른 사람의 상태에도 신경을 쓰게 됐다. 역지사지가 몸에 밴 것이다. 특히 손님이 추운지 더운지, 얼음물을 마시고 싶어 하는지 미지근한 물인지, 3초 뒤에 무슨 말을 할지 등등 상황과 맥락과 표정을 통해 본능적으로 알아채는 감각이 생겼다. 예를 들어 손님이 따로 요청하지 않아도 표정과 몸짓을 보고 알아서 에어컨을 켜거나 담요를 전달하는 식이다.

사람들은 대부분 자신에게 뭐가 필요한지 쉽게 말하지 못한다. 그걸 먼저 알아채고 빈틈을 메워주는 일이 공간을 운영하는 사람의 몫이다. 감동은 그 미묘한 배려에서 만들어진다.

'책바 마감송 프로젝트' 역시 역지사지에서 탄생했다. 그동안 내가 애정을 느꼈던 공간들에는 특별한 경험이라는 공통점이 있는데, 그중에서도 듣고 싶은 노래를 신청해서 들을 수 있는 곳이 많았다. 파주 헤이리 '카메라타'에서 들었던 쇼팽의 발라드, 제주도 애월 '마틸다'에서 들었던 이문세, 그리고 서울 녹사평 '골목앤바이닐펍'에서 들었던 마이클 잭슨의 감동은 아직도 잊히지 않는다.

신청곡은 신청자의 취향과 상황을 공간에 함께 머무는 사람들과 공유하게 해준다. 가까워지고 싶은 사람과 함께 왔을 때는 살짝 마음을 전할 수 있고, 힘든 마음으로 혼자 왔다면 위로받을 수도 있다. 기껏해야 5분이지만 누군가에게는 특별할 수밖에 없는 시간이다. 다만 신청곡으로 BGM을 채우면 공간 운영자가 음악을 컨트롤할 수 없다는 단점이 생긴다. 책바는 공간 특성상 평소에는 음악을 일정한 결로 유지해야 해서, 마감 즈음에만 신청곡을 받기로 했다.

마감 때 신청곡을 틀면 좋은 점이 있다. 대개 공간 운영자들은 마감시간이 되면 손님에게 칼같이 알리거나, 왠지 미안해서 아무리 피곤해도 손님이 떠날 때까지 기다리곤 한다. 전자의 경우 손님은 아쉬울 수밖에 없다. 마감시간까지 남아 있다는 건 어쨌든 더 머물고 싶다는 방증이니까. 나는 이 아쉬움을 상쇄할 만한 장치가 필요하다고 생각했다. 그렇게 탄생한 것이 책바 마감송 프로젝트다.

프로젝트라고 이름 붙인 것치고는 매우 단출하다. 남아 있는 손님 수를 고려하여 마감 전에 신청곡을 하나씩 받는다. 한 곡이라는 점이 중요하다. 그래야 더 소중하게 느껴지니까. 또 한 가지, 장르를 불문하고 책바와 결이 맞는 곡을 신청해야 한다. 신청곡을 듣다 보면 그동안 맛보지 못했던 놀라운 노래들이 세상에 이토록 많다는 사실을 알게 된다. 그럴 때마다 손님의 취향에 감탄하며 신청곡 노트에 따로 표시해둔다.

그렇게 모든 노래를 다 듣고 나면 어느덧 마감시간이다. 따로 마감을 알리지 않아도 손님들은 짐을 챙긴 뒤 계산하러 나온다. 미소와 함께.

처음에는 이 신청곡들을 쌓아두기만 했는데, 점점 나만 알기엔 아깝다는 생각이 들었다. 좋은 콘텐츠는 나눌수록 좋지 아니한가? 그래서 애플뮤직 계정을 만들어서 한 달에 한 번, 표시해둔 노래를 모아 애플뮤직에 업로드하기 시작했다. 1년이 지난 지금은 팬도 꽤 많이 생겼는데, 안드로이드 유저들이 아쉬워해서 최근에는 트위터와 유튜브 계정도 만들어 틈틈이 한 곡씩 올리고 있다. 다시 말하지만 좋은 것은 나눌수록 좋으니까. 계정은 모두 @chaegbar로 검색하면 찾을 수 있다.

많은 사람들이 책바가 지금까지 잘 유지될 수 있었던 가

장 큰 이유로 한 가지를 꼽는다. 술과 책을 동시에 즐길 수 있다는 컨셉. 하지만 나는 그것뿐이라고 생각하지 않는다. 책바와 유사한 컨셉의 공간이 그사이 꽤 생겼다가 어느새 사라졌다. 책바가 지금까지 유지된 이유는 아마도 손님의 입장에서 조금 더 생각하고 반 발자국 빠르게 움직였기 때문 아닐까.

보통 사람보다 민감한 몸과 성격은 단점일 수도 있지만 때로는 장점이 되어 빛을 발하기도 한다. 세상에 무조건적인 단점은 없다.

때로는 손님이 능동적으로 움직입니다

능동적으로 반 발자국 빠르게 움직이는 만큼, 때로는 숨 돌릴 수 있는 장치도 필요하다. 한결같은 공간이 되기 위해서는 운영자가 과부하에 걸리지 않는 게 중요하니까. 축구 경기 할 때 골대 앞에서는 선수들이 전속력으로 달리지만 경기 중간중간에는 충전을 위해 걷는 것처럼 말이다. 그래서 나도 손님이 자발적으로 행동해서 운영자가 중간중간 걸을 수 있도록 책바 곳곳에 넛지를 활용했다.

넛지Nudge는 행동경제학에서 사용하는 용어로, 타인의 선택을 유도하는 부드러운 개입을 의미한다. 우리나라에는 2009년 출간된 동명의 책으로 잘 알려져 있다. 좀 더 풀어 쓰자면 자유주의적 개입주의Libertarian Paternalism인데, 올바른 '조준'을 위해 남성 소변기에 그려놓은 파리 사례가 대표적이다.

책바에서 시도한 첫 넛지는 손님의 불편사항에서 나왔다. 책바는 아담한 공간이지만 몇 가지 재미난 장치가 있는데, 그중 하나가 '비밀의 문'이다. 책장에는 카멜레온의 보호색처럼 눈에 띄지 않는 버튼이 있어 이걸 누르면 다른 공간으로 들어갈 수 있다. 문제는 나갈 때였다. 굳이 숨길 필요 없는 반대쪽 버튼까지 책장과 똑같은 색으로 칠하는 바람에 손님들이 헤매기 시작한 것이다. 자동문을 손으로 열려고 힘을 주기도 하고, 이곳저곳을 다 눌러보는 사람도 있었다. 결국 모두 운영자에게 도움을 요청할 수밖에 없었는데, 그때그때 도움을 드리거나 말로 설명하자니 서로 여간 번거로운게 아니었다. 한가할 때라면 흔쾌히 받아들일 작은 요청이지만, 바쁠 경우 그야말로 시간을 쪼개서 해야 하는 일이 된다. 그래서 어떻게 할까 고민하다가, 책장의 어두운 색과 정반대인 흰색 명함을 작게 잘라 버튼 위에 붙였다. '나가는 문'이나 '찾기 힘드셨죠? 이 버튼입니다'라고 써놓을까 싶기도 했지만 그러지 않았다. 그런데도 문제는 생각보다 쉽게 해결됐다. 색으로만 표시했는데 손님들이 알아서 척척 버튼을 누르고 나가기 시작했다.

두 번째 넛지는 객단가를 높이기 위해 떠올린 간단한 방법이다. 바 말고 다른 자리에 앉은 손님들이 추가 주문을 하려면 ① 자리에서 일어나 메뉴판을 가지러 갔다가 ② 자리에 돌아와 메뉴를 선택한 뒤 ③ 다시 주문하러 나가야 했다(책바는 스타벅스처럼 손님이 카운터에 가서 주문하는 시스템이다). 사실 1에서 2까지 소요되는 시간은 10초도 걸리지 않는다. 그저 술을 더 마시고 싶다는 강렬한 열망이 귀찮음을 넘어서기만 하면 된다. 그런데 나는 이 귀찮음의 크기가 말도 안 되게 커질 수 있다고 생각한다. 샤워기로 발을 닦기 귀찮아 세면대에 올리고 닦는, 딱 그 정도인 것 같다. 편차가 있을 수도 있겠지만 어쨌든 귀찮음 때문에 추가 주문이 쉽지 않은 건 분명했다.

이를 위한 넛지는 앞서 말한 3단계를 2단계로 축소하며 이루어졌다. 바 외의 자리에도 늘 메뉴판을 두는 것이다. 아무래도 메뉴판이 계속 눈에 밟히니 손이 갈 수밖에 없다. 그렇게 읽다 보면 마시고 싶은 마음이 무럭무럭 커져 마침내 귀찮음을 이겨내게 된다. 그뿐 아니다. 추가 주문을 이끌어내기 위해 내가 수시로 움직일 필요도 없다.

책바에서 실행한 넛지는 별것 아니다. 공간을 운영하는 사람과 이용하는 사람의 입장에서 불필요한 행동이 무엇인지 고민했고, 그를 해결하고자 하는 마음에서 탄생했다. 수백 가지 공간에 수백 가지 사정이 있다면, 해결할 수 있는 넛지 역시 수백 가지다.

책바와 유사한 컨셉의 공간이 그사이 꽤 생겼다가 어느새 사라졌다.
책바가 지금까지 유지된 이유는 아마도 손님의 입장에서 조금 더 생
각하고 반 발자국 빠르게 움직였기 때문 아닐까.

5장

책바를 책바답게 만드는 사람들

바텐더의 불문율

모든 직업이 그렇듯 바텐더에게도 지켜야 할 불문율이
있다. 그중 하나가 손님의 프라이버시를 발설하지 않는 것이
다.

사람은 누구나 비밀이 있다. 어떤 비밀은 부모나 친한 친
구처럼 가까운 사람일수록 오히려 꺼내기 망설여진다. 그때
는 적당히 멀어서 내 의지만 있다면 언제든 안 만날 수 있는
사람, 그리고 입이 무거워 보여서 신뢰가 느껴지는 사람에
게 비로소 털어놓게 된다. 이 조건에 맞는 사람이 바로 바텐
더다.

평상시 책바는 조용한 공간이지만, 세상의 다양한 사연을 들을 수 있는 순간이 찾아오기도 한다. 손님이 한 명뿐인데 마침 마감까지 30분 정도 남았을 때처럼. 그럴 때는 새로운 손님이 올 확률도 거의 없다고 보면 된다. 그렇다면 내가 할 일은 단 하나, (그가 대화를 원한다면) 이야기를 열심히 들어주는 것이다. 그리고 그 시간 이후에 해야 할 일도 단 하나, 들었던 이야기를 어디에도 꺼내지 않는 것이다. 그 신뢰를 바탕으로 손님은 다시 바텐더를 찾는다.

공간의 완성은 손님이 만든다

매달 23일 즈음이면 반가운 얼굴들이 책바에 방문한다. 깊은 동굴 속에 들어가 고되고 고된 마감을 마친 뒤 밝은 세상으로 다시 나온 잡지 에디터들이다. 매번 비슷한 시기에 찾아오는 이유를 물었더니 막 마감을 끝냈다는 대답이 돌아와 고개가 절로 끄덕여졌다. 머릿속 모든 것을 쏟아낸 뒤 책바에서 다시 채우는 행위가 일종의 의식처럼 보였다.

유독 늦은 시각에 와서 빠른 속도로 책을 읽으며 술 몇 잔 마신 뒤 문을 나서는 사람들도 있다. 종종 노트북을 가져와 타닥타닥 자판을 두드리기도 하는데, 이들의 정체는 바로 기자다. 종종이 아니라 매번 노트북을 가져와서 몇 시간 동안 머리를 싸매다가 돌아가는 사람들도 있다. 이들이 주문하는 칵테일은 대체로 알코올 도수가 낮고 양이 많다는 공통점이 있는데, 소설가이거나 시나리오 작가(또는 지망생)인 경우가 많다.

이들은 모두 글과 친숙한 일을 하고 혼자 많은 시간을 보낸다는 공통점이 있다. 책바의 단골이 될 수밖에 없는 셈이다. 그 외에도 PD, 기획자, 디자이너, 일러스트레이터, 작곡가 등 창작을 업으로 삼은 사람들이 주로 책바를 찾는다. 이들이 무엇인가를 만들거나 읽는 모습을 보는 시간은 흥미롭다. 창작할 때는 소리 없는 치열함이, 책 읽을 때는 엄청난 몰입도가 느껴져 문득 바라볼 때마다 덩달아 에너지를 얻는다. 책바에서 마시는 적당한 알코올이 시너지 효과를 내는 것 같아 괜히 뿌듯해지는 건 덤이다.

물론 손님들이 책바에서 에너지만 발산하는 것은 아니다. 아무런 행동도 하지 않고 (소위 멍때리며) 술만 조용히 마시다 가는 사람들도 많다. 아무에게도 방해받지 않고 술 마시고 싶은 장소로 책바를 선택한 것이다. 처음에는 의도를 파악하지 못하고 괜스레 책을 건네거나 말을 붙였는데 이제는 표정만 봐도 안다. 그들에게는 맛있는 술을 건네주고 물과 과자를 부족함 없이 채워주면 충분하다.

공간은 그 고유의 결을 따르는 사람들이 주로 머물다 가고, 이들로 인
해 공간의 분위기는 더 빛을 발한다. 공간의 완성은 손님이 만든다.

결국 공간은 그 고유의 결을 따르는 사람들이 주로 머물다 가고, 이들로 인해 공간의 분위기는 더 빛을 발한다. 공간의 완성은 손님이 만든다.

떠나간 인연, 새로운 인연

KBS 〈다큐멘터리 3일〉은 다양한 공간의 3일을 만나보는 프로그램이다. 제주도로 이주해 게스트하우스를 차린 사람들의 이야기가 방송을 탄 적 있는데, 그중에서도 어린아이를 키우는 젊은 부부가 오랫동안 기억에 남았다. 젊은 나이에 왜 제주로 내려왔느냐는 VJ의 질문에 그들은 이렇게 대답했다.

"원래 서울에서 맞벌이를 했는데요, 그러다 보니 우리 아이가 매일 자라는 모습을 못 보는 게 너무 슬프더라고요. 그래서 제주로 내려왔고, 이제는 아이와 일상을 함께할 수 있어서 좋습니다."

뒤이은 질문은 후회되는 점이 없냐는 것이었다. 여기서 부부는 내가 전혀 예상하지 못했던 대답을 했다.

"어느 순간 아이가 이별을 쉽게 여기게 될까 봐 그게 걱정됩니다. 아시다시피 게스트하우스는 새로운 만남이 자주 이뤄지지만, 그만큼 이별도 흔하니까요."

나는 기껏해야 문화생활이 어렵고 가족과 친구들을 자주 못 만나서 아쉽다 정도를 생각했는데…. 스스로가 초라하게 느껴지는 순간이었다. 그렇다. 만나면 헤어지고 헤어지면 또 만나는 것이 인생이라지만 그래도 이별은 언제나 슬프다. 게다가 한두 번도 아니고 잦은 이별이라니.

그런데 생각해보니 나도 그런 일을 하고 있었다. 김광석이 불렀듯, '매일 이별하며 살고 있구나.'

책바를 오픈한 지 얼마 안 되었을 때, 매일같이 오던 학생 손님이 있었다. 열심히 살던 몇 년 전의 내 모습 같아 괜히 더 잘 챙겨주려고 노력했던 것 같다. 그러나 몇 달 뒤 그는 학업 때문에 다른 동네로 이사를 간다고 했고, 그 후로 한 번도 보지 못했다. 이별의 아쉬움은 생각보다 오래갔다. 내가 이렇게 정이 많은 사람인 줄 몰랐다.

운영자도 사람인지라 당연히 자주 오는 손님들에게 더 마음이 간다. 손님의 취향, 습관 등이 머릿속에 새겨져 '저 손님은 물을 많이 마시니 큰 물잔을 주고, 저 손님은 과자를 안 먹으니 챙길 필요가 없으며, 저 손님은 언제나 보드카 토닉을 마시니 눈으로 서로 확인만 한 다음 만들어드리자'는 식으로 몸이 저절로 반응한다. 목요일 오픈 시간마다 혹은 토요일 마감 직전마다 오던 손님이 안 오면 괜스레 마음이 허전해지고, 혹시나 싶어 문을 한 번 더 쳐다보게 된다. 단골손님에게 애인이 생기면 반가우면서도 반갑지 않다. 당연히 축하할 일이지만 아무래도 오는 횟수가 확연히 줄어들기 때문이다. 하물며 결혼은 어떠랴.

이별의 이유는 다양하다. 각양각색 이별을 겪다 보니 언제부터인가 정을 주지 말아야겠다고 마음먹게 됐다. 혼자 감정만 소모하고 있다는 생각도 들어서, 이별의 무게를 조금만 덜고 만남도 조금만 가볍게 여겨보자고 마음먹었다. 그런데 이게 참 쉽지 않다. 사람 마음을 원하는 대로 이끄는 게 어디 쉬운가. 그때 문득 떠오른 게 〈다큐멘터리 3일〉 에피소드였다. 부부가 염려하던 점을 내가 그대로 따르고 있지 않은가. 결국 어렵고 힘들어도 계속 정을 주고 이별을 아쉬워하는 게 내 몫이라는 결론을 내렸다.

이별을 걱정하지 않아도 될 소중한 인연도 생겼다. 책바 옆에는 건축·디자인 스튜디오 폼앤펑션이 있다. 32년지기인 박주영, 정진서 대표는 각자의 영역에서 회사원으로 일하다 퇴사 후 함께 스튜디오를 시작했다. 두 사람은 사업을 시작하기 전부터 책바 단골이었는데, 한번 마음먹으면 가게 사장과 호형호제할 정도의 친화력 '만렙'들이라 나와도 금방 친해졌다. 그러다 결국 사무실까지 옆자리에 알아보는 사이가 된 것이다. 지금은 그 누구보다도 자주 만난다. 각자 약속이 없으면 함께 저녁을 먹고, 영업을 마친 뒤 가끔 술 한 잔 하기도 한다. 그런 면에서 나는 엄청난 행운아다. 건축과 디자인은 공간을 운영하는 사람이라면 반드시 알아야 하는 영역인데, 업계에서 잔뼈가 굵은 전문가들에게 실시간으로 조언을 구할 수 있으니 책바 위치는 그야말로 배산임수 급이다.

시간이 흐르면 인연도 변한다. 비워지는 만큼 새로 채워진다. 감사하게도 책바에는 여전히 (이렇게밖에 표현 못해서 아쉽지만) '좋은' 사람들이 찾아온다. 떠나간 사람 때문에 슬퍼진다면 마음 한구석에 작은 틈을 남겨두면 된다. 언젠가, 언젠가 그들이 다시 오리라는 믿음으로.

책바의 1차 목표는요?

책바를 처음 오픈했을 때 지인들은 이런 질문을 하곤 했다.
"책바의 1차 목표가 뭐야? 성공 기준은?"
그러면 나는 농담 삼아 이렇게 대답했다.
"매출 이런 건 잘 모르겠고, 일단 두 명이 와야 해. 한 명은 전두환 아저씨(정말 농담)고, 한 명은 김영하 작가야."

책바가 위치한 연희동에는 (먼저 언급한 그분을 포함하여) 김영하 작가가 거주하고 있다. 나는 그의 작품을 재미있게 읽었고 여러모로 영향도 받은 팬이기에 그가 책바에 온다면 그야말로 성공한 덕후가 되는 셈이다. 그렇게 좋아한다고 노래를 부르고 다녀서였는지, 책바 오픈 후 김영하 작가와의 인연(?)은 꾸준히 생겨났다.

에피소드 하나.

어느 날 저녁을 먹으러 연희동을 어슬렁거리다가 저만치서 이쪽을 향해 다가오는 김영하 작가를 발견했다. 거리는 멀어도 유난히 큰 키와 (큰 머리) 검은 뿔테안경은 눈에 확 들어왔다. 아내와 함께 저녁 마실을 나온 것 같았다. 100m, 50m, 20m, 5m… 가까워지는 동안 가슴은 쿵쾅거렸고 오만 가지 생각이 머리를 스쳤다. 이어폰을 꽂고 있던 나는 몇 가지 옵션 중 하나를 선택해야 했다.

① 쿨하게 모른 척 지나간다

② 그냥 쳐다보기만 한다

③ 이어폰을 빼고 가볍게 목례를 한다

④ 이어폰을 빼고 책바 소개를 한다

⑤ 이어폰을 빼고 '팬이에요' 외친 후 도망치듯 지나간다

추가 선택지가 떠오르려던 찰나, 그가 지나갔다. 이상형을 본능적으로 돌아보듯 나는 뒤를 돌아보았지만, (당연하게도) 그는 돌아보지 않았다. 이후 사러가 쇼핑센터에서 한 번 더 보았지만 마찬가지로 용기를 내지 못하고 저만치서 쳐다보는 데 그쳤다. 덕분에 페이스북과 인스타그램에는 못난 스스로를 탓하며 징징대는 글이 남았다.

에피소드 둘.

평소처럼 일하고 있는데 종종 오시던 손님이 선물이라며 책을 건네주셨다. 뭐지? 그건 다름아닌 김영하 작가의 소설 《검은 꽃》이었는데, 펼쳐보니 내 이름과 함께 김영하 작가의 사인이 담겨 있는 것 아닌가. 사연인즉, 징징대는 SNS 글을 본 손님이 (내가 불쌍해 보였는지) 김영하 작가의 강연에 가서 사인을 받아온 것이었다.

뭉클한 감정이 가슴 깊은 곳에서부터 밀려 올라왔다. 정말 너무 감사해서 어찌할 줄 몰랐던 순간이었다. 심지어 책바 소개까지 대신 해주셨단다!

내년엔 오시겠지.

에피소드 셋.

책 선물을 받고 1년이 지난 어느 날. 그즈음 나는 연희동에 있는 피트니스 센터에서 일주일에 두세 번씩 운동을 했다. 낮에는 아무래도 한산한 편이라 대부분의 사람들이 익숙하다. 그러던 어느 날, 낯선 사람을 한 명 포착했다. 두근! 존재감 있는 머리에 검은 뿔테안경, 분명 김영하 작가였다. 진정하자, 지난번과는 달리 이번에는 시간이 충분하다. 어쨌든 이곳에서 가만히 운동하고 있는 중이니까. 잠시 심호흡하고는 다가가서 인사를 건넸다.

"작가님, 안녕하세요. 저는 책바를 운영하는 정인성이라고 합니다. 혹시 들어보셨나요?"

대략 책바를 설명한 뒤 "오세요!"라고 마무리. 이렇게 글로 적으니 제대로 말한 것 같지만, 솔직히 정신없어서 기억이 잘 안 난다.

다행히 그는 책바의 존재를 알고 있었고, 짧지만 반가운 인사를 나눴다. 그 후에도 몇 번 더 헬스장에서 만났는데 때로는 그가 먼저 인사를 건네기도 했다. 이 정도면 이미 '성덕'이라 할 만했지만, 내 운은 거기서 끝나지 않았다.

봄기운이 가득한 4월의 어느 날이었다. 여느 때처럼 오픈 준비를 마치고 손님을 맞이하려는데, 홀연히 김영하 작가가 들어왔다. 깜짝 놀라서 들고 있던 유리잔을 놓칠 뻔했다. 이야기를 나눠보니, 선약이 있는데 시간이 떠서 잠시 방문했다고 했다. 신기하게 다른 손님도 오지 않아서 30여 분간 단

둘이 이야기를 나눌 수 있었다. 그 와중에 떨지 않고 대화를 이어간 스스로가 대견했다. 간절히 원하니 정말 이루어졌다.

(나눴던 이야기와 자세한 정황은 앞서 말한 바텐더의 불문율에 따라 이 정도만 쓴다.)

노년의 롤모델

"롤모델이 있으세요?"

세상에서 가장 대답하기 어려운 질문 중 하나다. '돈가스와 평양냉면 중 뭐가 더 좋아요?'만큼 어렵다. 그때마다 나는 난감한 표정을 지으며 롤모델은 없다고 이야기하곤 했다. 별이유는 없다. 단지 롤모델을 정하면 그 순간부터 보이지 않는 틀 안에 갇힌 기분이 들 것 같았다. 롤모델이라고 말한 이상 그 사람을 따라 살아야 할 것 같은 느낌이랄까. 그런데 이런 생각을 조금 고쳐먹게 된 계기가 있다. 카메라타에 방문한 직후였다.

카메라타CAMERATA는 클래식 음악 감상 카페로, 16세기 말 피렌체의 예술가들이 모여 토론하던 방을 가리키는 단어에서 이름을 따왔다. 동양방송에서 아나운서와 라디오 DJ를 했던 황인용 선생님께서 2004년 파주 헤이리에 오픈하셨는데, 오픈 당시 선생님의 연세는 60대 중반이었다.

카메라타에 처음 갔던 날의 충격은 아직도 생생하다. 족히 아파트 3층 높이는 될 법한 층고가 인상적이었는데, 그렇게 큰 공간을 한 치의 빈틈도 용납하지 않고 음악이 가득 채우고 있었다. 당시 나는 마우리치오 폴리니가 연주한 〈녹턴 2번〉을 즐겨 듣던 터라 신청곡을 넣었는데, 때마침 비가 후둑후둑 내려서였는지 듣는 내내 가슴이 두근거렸다.

그날 이후 나에게 카메라타는 우리나라에서 가장 좋아하는 공간 중 하나가 되었다. 당시 회사원이었던 나는 선생님처럼 중년을 넘어선 나이가 되면 내 취향을 드러내는 멋진 공간을 만들겠다고 다짐했다.

자기 이름이 새겨진 책을 써본 사람이라면 응당 이런 바람을 품어본 적이 있을 것이다. 좋아하는 공간에 내 책이 있었으면 하는 앙증맞은 바람 말이다. 나도 마찬가지여서, 2014년 말 독립출판으로 냈던 《머물러 있는 청춘》을 카메라타 서가에 몰래 꽂아두고 왔다. 그다음에 방문했을 때 보니 책머리에 CAMERATA 도장이 찍혀 있었다. 뿌듯했다. 이 공간의 일원이 된 기분이었다. 책바를 오픈한 후 《소설 마시는 시간》을 썼을 때는 조금 더 대담해졌다. 짧은 편지와 함께 선생님께 직접 책을 드린 것이다. 대담해졌다지만, 첫눈에 반한 사람에게 선물하는 것도 아닌데 '역대급'으로 어버버거렸던 기억이 난다. 한 술 더 떠, 함께 찍은 사진에서는 긴장 때문인지 눈도 감아버렸다.

몇 달이 흐른 어느 평일 저녁, 선생님께서 친구분과 함께 책바에 찾아오셨다. 문을 열고 들어오시는 모습을 봤을 때는 입을 다물지도 못했다. 놀란 가슴을 진정시키며 여쭤보니, 선물로 드렸던 책이 재미있어서 두 번이나 읽으셨고 거기에 등장한 술들이 궁금해서 왔다고 하셨다. 내가 가장 좋아하는 공간을 만든 분이 내 공간에서 시간을 보내러 오신 것이다! 책바 분위기가 참 좋다는 말씀도 그 이상 뿌듯할 수 없었다. 책바가 위치한 연희동은 한때 선생님께서 살았던 동네이기도 하다. 예전 동네에 오랜만에 가면 추억이 떠올라 괜히 애틋해지곤 하는데, 책바에 오신 날은 아마 선생님에게 그런 날이 아니었을까 싶다.

물론 나에게도 그날은 책바를 오픈한 지 4년이 된 지금까지도 가장 행복한 순간으로 남아 있다. 여든을 향해 가는 연세에 재킷과 청바지를 입고 친구와 함께 칵테일 한잔 하시는 선생님의 모습은 정말 멋있었다.

1970년대부터 라디오 스타였던 선생님은 1980년 11월 말 〈밤을 잊은 그대에게〉에서 마무리 멘트를 하다 결국 울음을 터뜨리셨다. 선생님이 속했던 동양방송의 마지막 날이었다. 다행히 음악에 대한 사랑은 꺼지지 않아 25년 뒤 카메라타가 생겨났다. 황인용 선생님을 떠올리면 영원한 소년, 청춘이라는 단어가 생각난다. 그처럼 나이가 들면 노년의 삶도 꽤 즐겁겠다는 생각을 했다.

6장

공간은 유기체다

책바 인스타그램 계정에 들어가 오픈 준비부터 최근까지의 글을 전부 살펴봤다. 인상 깊었던 순간들을 모두 남겨 놓았기 때문에 역사를 돌이켜보기에 이보다 좋은 방법은 없었다. 마치 아이의 성장 앨범을 보는 것 같았다. 처음으로 지인이 아닌 손님이 왔던 날, 오픈 2년이 지나 처음으로 시그니처 칵테일을 공개했던 날, 폭우로 물난리가 나서 밤새 청소하던 날 등등, 갖가지 기록은 어설프게 첫 걸음마를 뗐던 아이가 각종 이벤트를 겪으며 성인이 되기까지의 여정과 흡사했다. 그렇게 책바는 하루하루 (버티면서) 성장했다.

공간은 하나의 유기체다. 공간을 이루는 수많은 구성요소는 마치 세포처럼 시간의 흐름에 따라 지속적으로 변한다.

때문에 공간 운영자는 뼈대를 이루는 본질은 지키되, 부차적인 요소들이 점차 앞으로 나아갈 수 있도록 주의를 기울여야 한다.

예를 들어보자. 스시 오마카세 가게의 본질은 무엇일까? 재료의 신선도가 가장 먼저 떠오르겠지만, 신선도는 굳이 오마카세가 아니더라도 스시야라면 응당 갖춰야 할 요소다. 내가 생각하기에 본질은 손님 앞에서 한 줌 한 줌 스시를 쥐는 요리사가 되어야 한다. 스시는 재료의 질뿐 아니라 요리사의 손맛에 좌우되는 음식이고, 오마카세라면 그 중요성이 더욱 극대화된다. 실제로 오마카세 전문 스시야의 요리사들에게는 일종의 팬덤이 있다. 자기 이름을 내건 가게도 여타 외식업종보다 많다. 그래서 요리사가 자리를 지키는 것이 가장 중요하다.

부차적인 요소는 재료나 술 등이겠다. 가령 다른 스시야에서 접하기 힘든 사시미 종류나 독특한 술 페어링을 지속적으로 업데이트한다면 긍정적인 방향으로 나아가고 있는 셈이다.

그렇다면 책바의 본질은 무엇일까? 두 가지 축이 있는데, 하나는 공간 운영자고 다른 하나는 고유한 분위기다. 앞서 말했듯 책바는 책과 술의 공감각을 구현하는 공간으로, 방문하는 이들이 온전히 자신만의 시간을 보낼 수 있도록 디자인

공간은 하나의 유기체다. 공간을 이루는 수많은 구성요소는 마치 세
포처럼 시간의 흐름에 따라 지속적으로 변한다. 때문에 공간 운영자
는 뼈대를 이루는 본질은 지키되, 부차적인 요소들이 점차 앞으로
나아갈 수 있도록 주의를 기울여야 한다.

했다. 그러다 보니 다른 곳에는 없는 암묵적인 룰이 있다. 예를 들어 '소곤소곤 대화하기'가 그렇다. 이 분위기를 좋아하는 사람들이 책바를 찾는다.

이를 위해서는 공간 운영자의 세심함이 필수다. 한결같은 분위기를 내려면 운영자는 눈에 보이지 않는 곳에서도 쉴 새 없이 노력을 기울여야 한다. 더불어 책과 술에 대한 지식도 필요하다. 그래야 술도 맛있게 만들 수 있고 책도 적절하게 권할 수 있으니까. 이렇게 운영자와 분위기는 상호작용하며, 한 축이 삐끗하면 공간이 지닌 매력은 퇴색할 수밖에 없다.

지금까지 책바의 역사는 이 두 가지를 지키기 위한 여정이었다. 영업시간을 조절한 이유도 마찬가지다. 책바는 오픈당시 휴무일이 거의 없었고 격주 일요일에만 쉬었다. 어느정도 자리 잡은 뒤에는 매주 일요일마다 쉬기 시작했다. 그러다가 일요일과 월요일을 휴무일로 정했고, 주말 클로징 시각도 새벽 3시에서 새벽 1시 30분으로 앞당겼다. 즉 내가 책바에 머무는 시간이 점점 짧아졌다.

왜 이렇게 줄였을까? 두 가지 이유가 있다. 첫 번째는 우물 안 개구리가 되고 싶지 않아서였다. 일주일에 하루만 쉬니 사람을 만나 소통할 기회가 급격히 줄어들었다. 책바에서 일하는 시간도 물론 좋았지만 해가 지날수록 시야가 좁아지고 있다고 느꼈다. 다양한 경로를 통해 새로운 자극을 받을

필요가 있었다.

두 번째는 지속가능성 때문이었다. 모든 가게가 그러하듯 책바 역시 주중보다 주말이 바쁜 편인데, 혼자 새벽 늦게까지 일하려니 몸과 정신의 피로도가 지나치게 높아졌다. 특히 가장 바쁜 토요일에는 일할 땐 즐겁지만 오픈하기 전까지 늘 스트레스를 받았다. 피로와 스트레스가 쌓이다 보니 평생 없을 줄 알았던 이상증세까지 생겼다. 변화가 필요한 시점이었다.

책바에서 덜 일한 만큼 줄어든 매출은 트레바리와 인생학교 같은 외부활동으로 채우기로 했다. 말하자면 두 가지축 중 운영자를 지키기 위한 선택이었다.

분위기를 지키기 위한 여정은 더 험난했다. 오픈 초기 책바는 독서와 대화가 모두 가능한 곳이었다. 하지만 공간이워낙 협소하다 보니 조용히 생각하거나 독서하기를 원하는사람에게는 불편할 수밖에 없었다. 그렇다고 대화를 나누는사람들이 활개칠 수 있었던 것도 아니고, 그들은 그들대로조용한 사람들을 신경 쓰느라 불편해했다. 이도저도 아닌 상황이었다. 서둘러 방향을 정해야 했다.

고민 끝에 타인과의 대화보다는 독서와 사유 그리고 창작을 통해 자신과 대화하는 공간이 되기로 했다. 이유는 간단하다. 술 한잔 하며 고독을 만끽할 수 있는 공간이 생각보다 없는 반면, 누군가와 대화를 나눌 수 있는 공간은 책바에서 한 발짝만 나가도 충분히 많았다. 애매모호한 건 싫었다. 기왕 할 거라면 제대로 해야 했다.

그런데 몇 가지 문제가 발생했다. 조용한 분위기로 바뀌자 오랜만에 온 손님들이 적응을 못한 것이다. 일일이 설명하는 수고도 만만치 않았다. 하필 이런 시기에 사건까지 발생했다. 자주 오던 친한 동생 A가 있었는데, 하루는 평소보다 취한 상태로 오랜만에 책바를 찾았다. 취한 데다 친구들과 함께 와서 제법 시끄러웠는데, 목소리를 줄여달라고 여러 번 요청해도 소용없었다. 그들만 있었다면야 어느 정도 놔두었겠지만 다른 손님들도 꽤 많았고, 표정만 봐도 불편해하는 기색이 느껴졌다. 결국 마음을 단단히 먹고 나가달라고 했다. 어쩔 수 없었다. A는 꽤 화가 난 기색이었다. 아는 형 가게라고 기껏 친한 친구들을 데려왔는데 오히려 내쫓겼으니 말이다. 그 후로 A는 나와의 온라인 연락망을 끊었다. 나는 나대로 다음 날 술이 깨면 그가 사과할 줄 알았다. 친한 동생이었기에 서운함이 더 컸다. 먼저 다가가서 감정을 풀 수도 있었겠지만 나 역시 그만 한 그릇이 못 됐다.

몇 년이 흘러 송년회에서 A를 우연히 만났다. 우리는 평소보다 오랫동안 포옹한 뒤, 별 대화를 나누지 않고 술잔만 기울였다. 이후 그를 본 적은 아직까지는 없다. 이런 일이 한 번뿐이었겠는가. 지금의 책바 분위기는 결코 쉽게 만들어진 것이 아니다.

그외에 몇몇 가시적인 변화도 있었다. 먼저 바의 깊이를 15cm 정도 늘렸다. 손님이 바 의자에 앉았을 때 무릎이 닿는 문제를 해결하기 위해서였다. 옆집 폼앤펑션의 박주영 소장이 큰 도움을 주었다. 손님들이 불편해서 신경 쓰인다고 계속 하소연했더니, 어느 날 딱 맞는 크기의 목재를 가져와 완벽하게 작업해주었다.

바 공사가 손님을 위한 것이라면, 나를 위한 것으로는 오픈한 지 3년이 지나서야 설치한 온수기가 있다. 책바 공사 전 얼마나 무지했던지, 나는 수도만 연결하면 온수가 저절로 나오는 줄 알았다. 그 탓에 첫 해 겨울은 유독 추웠다. 생각지도 못하게 차가운 물로 일주일에 수백 번씩 설거지를 했으니 말이다. 그런데도 네 번째 겨울이 올 때까지 온수기를 설치하지 않았던 이유는 헝그리정신 반 귀찮음 반이었다. 장사가 잘되는 날은 나도 모르게 가끔 기고만장해지는데, 그럴 때마다 차가운 물로 설거지를 하면 다시 겸손해지는 효과가 있다(정말이다). 헝그리정신을 추앙하는 만큼 온수기 설치는 더 귀찮은 일이 되었다. 그것 말고도 해야 할 일이 산더미라는 핑계와 함께.

그러던 어느 겨울날, 위층에서 물이 새는 바람에 몇 군데
를 수리하다가 그참에 온수기 설치까지 해버렸다. 그날 밤
설거지를 하다가 처음 온수가 손에 닿았는데… 으아, 나도
모르게 눈물이 날 뻔했다. 따뜻한 물로 하는 설거지는 이렇
게 행복한 일이었다! 세월이 흐를수록 공간에 대한 애증이
켜켜이 쌓여가는데, 그날 밤은 사랑이 커지는 날이었다. 다
시 말하지만, 온수기는 진리다.

3부

나답게 일하다

전통이 요구하는 바에 따라 이에 적합한 작업 방식을 공부했던 도제나 학생이 예외적인 화가가 되려면, 자기 나름의 독자적인 시각이 중요함을 깨닫고 전통적인 관습이 요구하는 것으로부터 벗어나 자신의 독특한 시각을 키워 나가야만 한다. 혼자 힘으로 자기가 이제까지 배워 온 예술의 규범에 맞서야만 하는 것이다. 어떤 의미에서는 화가로서의 시각을 거부하는 화가로 스스로를 생각해야만 한다. 이 말의 의미는 그동안 그 누구도 예측할 수 없었던 어떤 일을 하고 있다고 생각해야 한다는 것이다.

－《다른 방식으로 보기》, 존 버거, 최민 옮김, 열화당 펴냄

1장

밤에 일하고 낮에 쉽니다

때로는 제목만으로도 취향 저격인 노래들이 있다. 그런 노래의 제목은 대개 구체적이어서 읽는 순간 감정이입되고 만다. 나에게는 김광석의 〈서른 즈음에(1994)〉와 가을방학의 〈가끔 미치도록 네가 안고 싶어질 때가 있어(2010)〉가 그렇다. 특히 '서른 즈음에'라는 제목은 서른이라는 단어만으로도 왠지 울적하게 만드는 힘이 있다. 특히 스물아홉 가을부터는 들을 때마다 감정이 극에 달하곤 했다. 내 인생에 더 이상 청춘은 존재하지 않을 것 같은 비장한 심정이랄까. 물론 언제 그랬냐는 듯 30대인 지금도 여전히 철없이 행동하고 있지만.

책바 오픈 이후의 나를 표현한 노래로는 코나가 부른 〈우리의 밤은 당신의 낮보다 아름답다(1996)〉를 꼽겠다. 사실 가사는 전혀 관련이 없다. 어떻게든 뜨거운 밤을 보내기 위해 상대방을 살살 구슬리는 내용이니까. 그런데 제목만으로도 괜스레 마음이 끌린다. 인생에서 그 어느 때보다 긴 밤을 만끽하며 살고 있기 때문이다. 낮과 밤이 바뀐 삶에 어느 정도 익숙해졌지만, 때로는 생경하게 느껴지는 매력이 여전히 있다.

책바를 시작한 이후 나를 알게 된 사람은 못 믿겠지만, 회사 다닐 때는 철저히 새벽형 인간이었다. 아침 일찍 운동하는 걸 좋아해서 새벽 5시 반에 일어나 6시 반 즈음이면 회사에 도착해 1시간 정도 운동하고 구내식당에서 아침을 먹었다. 이 과정이 나에겐 일종의 의식이었다. 매일 건강하게 하루를 시작하는 느낌이 좋았던 것 같다. 당연히 잠은 12시 전에 잤다. 심지어 대학 시절 시험기간에도 공부를 얼마나 했건 아무리 늦어도 새벽 1시 전에는 잠들었다. 학점도 잘 받고 싶었지만 내 잠도 그만큼 소중했으니까. 그렇게 일찍 자고 일찍 일어나며 평생 살 줄 알았다.

하지만 책바를 운영하면서 상황이 180도 바뀌었다. 마감이 새벽 1시 반이기 때문에 보통 3시에 자고 9시 즈음 일어난다. 다들 묻는다. 생활 리듬이 무너지지 않았냐고. 건강관리는 문제없냐고. 간단하게 답하자면 별 문제 없다. 아침도 똑같이 잘 챙겨먹고, 운동은 더 규칙적으로 할 수 있게 됐다. 매주 5일간 수영과 요가를 번갈아 하고 있으며 홈트레이닝 시간도 늘어났다. 인간이 지구의 주인이 될 수 있었던 이유 중 하나가 적응력이라던데, 나도 이렇게 완벽하게 익숙해질 줄은 몰랐다.

낮과 밤이 바뀌며 가장 뚜렷하게 체감한 것은 생활패턴이 주변 사람과 정반대가 됐다는 사실이다. 대부분이 일할 때 나는 놀고, 그들이 놀 때는 내가 일한다. 그러다 보니 지금 삶에서 느끼는 장점과 단점의 경계가 마치 양날의 검처럼 아슬아슬하다. 전시와 영화를 여유롭게 볼 수 있고 줄을 안 서도 맛집에 갈 수 있지만 이 행복을 오롯이 혼자만 즐겨야 하는 게 그렇다. 때로 버겁기도 했던 수많은 친목모임이 어느새 사라져서 처음에는 홀가분했는데, 가끔은 군대에 다시 들어간 것처럼 외로워지기도 한다. 덕분에 인간관계를 일찍 깨우치게 됐다. 상대가 소중한 인연이라고 생각하면 자연스레 양보하고 배려하기 마련인데, 오늘까지 이어진 인연들 또한 내 상황을 이해해주고 함께 스케줄을 맞췄던 이들이었다. 인간관계를 정리하는 건 어렵지 않았다. 내가 조금 넉넉지 않은 상황에 처하니 저절로 정리가 됐다.

물론 완벽한 장점도 있다. 드디어 출퇴근 지옥이 사라졌다! 회사에 다닐 때는 1시간 정도 걸리는 출퇴근길이 정말 싫었다. 회사가 있는 광화문까지 가려면 광역버스를 타야 했는데, 출근시간은 대부분 비슷하기에 아침에는 그야말로 고역이었다. 만원버스 안에서 할 수 있는 건 사람들 사이에 껴서 중심을 잡는 것뿐, 운이 좋아봐야 휴대폰 만지작거릴 틈이 조금 생기는 수준이었다. 버스에서 내리면 이미 하루 일을 다 한 것처럼 기진맥진했다. 바쁜 아침에 더 일찍 출근해서 운동하게 된 것도 사실 이 때문이었다.

책바를 시작한 이후로는 오후에 출근하고 새벽에 퇴근하는 패턴으로 바뀌었다. 교통정체가 없는 것은 물론이거니와 출근시간도 여유가 가득하다. 더불어 독립하면서 책바와 집이 가까워져, 날이 좋으면 자전거로 출퇴근한다. 세상에, 스트레스 가득했던 시간이 가장 행복한 시간이 됐다.

뚜렷한 단점이라고 할 만한 건, 주말 저녁에만 누릴 수 있는 기회들을 놓친다는 점이다. 대부분의 근사한 문화행사는 사람들이 가장 편한 마음으로 참석할 수 있는 금요일 혹은 토요일 밤에 열린다. 지인 모임도 마찬가지다. 다음 주 금요일 밤 8시 강남역 10번 출구, 이번 주 토요일 합정역 저녁 6시 3번 출구 등등 죄다 주말 저녁이다.

특히 결혼식은 대부분 주말 낮인데, 나는 토요일 늦은 밤까지 일하기 때문에 당연히 체력적으로나 정신적으로 부담스럽다. 처음에는 토요일 낮 결혼식에 몇 차례 참석했다가 저녁 영업 때 나도 모르게 손님을 대하는 태도가 날카로워진 걸 보고 신중하게 생각하기로 했다. 덕분에 결혼식에 참석할지 말지 결정하는 기준도 생겼다. 내가 갈 수 있는 날에 청첩장 모임을 잡거나 직접 책바에 와서 청첩장을 주는 것이다. 물론 결혼준비가 바빠서 직접 주기 힘든 건 이해하지만, 그들이 배려한 만큼 나도 다른 것을 잠시 접어두고 축하하는 마음으로 식장에 갈 수 있을 테니까.

친구들과 이야기하다 보면 애매한 인간관계, 특히 결혼식에 가야 하는지에 대한 문제로 고민이 많던데 나는 자신만의 명확한 기준을 만들라고 이야기한다. 책바 시작 전에는 (과연 할 수 있을지 장담도 못하면서) 내 결혼식에 부르고 싶은 사람들이 참석 기준이었지만, 지금은 내 사정이 바뀐 만큼 거기에 맞춰 기준도 바꾸게 됐다.

내겐 너무 아름다운 너의 밤을 지켜주겠어.

〈우리의 밤은 당신의 낮보다 아름답다〉의 한 구절이다. 비록 자유를 누릴 수 있는 밤은 희소해졌지만, 그 대신 책바에서 좋아하는 재즈를 마음껏 들으며 여유로울 때는 책을 읽고 바쁠 때는 책과 술을 즐기는 손님들을 흐뭇한 표정으로 바라본다. 나는 이들이 아름다운 밤을 보낼 수 있도록 지켜주는 사람이라고 생각한다. 이렇게 책바에서 일할 때는 나름의 낭만이 있고 휴일은 휴일대로 더욱 그 소중함을 느끼게 됐으니, 어쨌든 내가 보내는 밤은 꽤 아름다운 듯싶다.

2장

자율적으로 일한다는 것

처음 만난 사람에게 바를 운영한다고 말하면 대부분 부러워하는 눈빛으로 비슷한 말을 건넨다.

"그러면 마음껏 늦잠 잘 수 있겠네요!"

OECD 회원국 중 평균 수면시간 최하위인 한국의 현주소다. 물론 나라도 누군가가 밤에 일한다고 하면 당연히 늦잠은 기본이라 생각할 것이다. 아침에 출근하는 직장인의 로망은 알람 없이 마음 편히 자는 것 아닌가! 그러나 나는 잠에 큰 욕심이 없는 편이다. 체력만 좋다면 하루에 2시간만 자고 싶을 정도로 잠 대신 하고 싶은 것들이 많다. 당연히 알람도 설정해놓고 잔다. 책바를 시작한 이후 평균 수면시간은 예전보다 오히려 조금 줄어서 6시간 27분이 되었다(몇 년 전부터 매일 수면시간을 기록하고 있으니 신뢰할 만한 수치다). 수면시간은 줄었지만 신기하게도 전반적인 피로도가 덜하고 일도 훨씬 집중해서 잘하고 있다. 덕분에 여가시간도 늘어났다. 이 모든 것이 환경을 내 성향에 맞도록 조절했기 때문이다.

앞에 썼듯, 대학시절 내 몸을 알기 위해 다양한 실험을 했는데 그중 하나가 수면 패턴 파악하기였다. 몇 주간 실험해보니, 이놈의 몸뚱어리는 밤에 몇 시간을 자든 점심을 먹으면 반드시 졸음을 느낀다는 사실이 드러났다. 4시간을 자든 10시간을 자든 식사 후 바로 수업을 들으면 꼭 이마를 책상에 댄 채 졸고 있었다. 그때 깨달았다, 나는 낮잠이 필요한 사람이란 걸. 그 후로는 오후 수업 전이면 도서관 열람실에 엎드려서 15분 정도 낮잠을 잤고, 비로소 수업 내내 교수님과 눈을 마주칠 수 있었다. 밤에는 6시간 정도면 충분했다. 그런 의미에서 대학은 자율성이 보장되는 시스템이었다. 먹고 싶을 때 먹고, 공부하고 싶을 때 공부할 수 있었다.

문제는 회사에 입사한 뒤였다. 공식적으로 낮잠을 잘 수 없었던 것이다. 그러나 내 몸은 눈치를 볼 수밖에 없는 신입사원 시절에도 한결같이 식곤증을 하사해주었다. 밤잠을 늘려도 소용없었다. 하필이면 파티션도 거의 없는 자리라 헤드뱅잉하는 모습이 모든 사람에게 노출될 게 뻔했다. 부끄러운 마음에 졸릴 때마다 화장실 좌변기를 찾기 시작했다. 변기 위에 앉아 두 손을 고이 무릎 위에 올려두고 고개를 푹 숙인 채 짧은 낮잠을 잤다. 비록 자세는 대학시절에 비해 초라해졌지만 달콤함은 그 이상이었다.

그러던 어느 날 회사에 괴담이 돌았다. 누군가 좌변기에 앉아서 자고 있다가 임원에게 물벼락을 맞았다는 소문이었다. 아마 자기도 모르게 코를 곤 게 아니었을까. 그날 이후 나에겐 요령 하나가 추가됐다. 30초 정도 졸다가 "음! 음!" 하며 무언가를 내보내는 소리를 흉내 내는 것이다. 이 수법이 통했는지 다행히 물벼락 맞는 일은 없었다.

하지만 만약 나 같은 사람을 위해 회사에서 수면실을 마련해줬다면 어땠을까? 정말 수면실에서 몇 시간 동안 잠만 잤을까? 절대 아니다. 짧고 굵게 잔 다음 더 열심히 일했을 것이다. 개개인의 신체는 모두 다르고 저마다 집중할 수 있는 환경 역시 다르다. 아무리 컨디션이 좋아도 식사만 하면 졸음이 오는 사람도 있다. 최고의 해결책은 커피를 마시거나 서서 일하거나 사탕을 먹는 것이 아니다. 짧은 시간이라도 푹 자는 것이다.

요즘은 하루에 최소 두 번은 잔다. 늦은 오후에 출근하기 전까지 집에서 시간을 보내며 한 번 정도는 낮잠을 잔다. 독립한 뒤 자율성을 발휘할 수 있는 범위는 더 넓어졌다. 내 몸을 이해한 만큼 가장 집중해서 일할 수 있는 환경도 만들어

놓았다. 내 거실에는 TV와 소파가 없다. 대신 노트북 작업이나 독서를 할 수 있도록 큰 테이블을 두었다. 허리에 부담 없는 편한 의자에 앉아 온도와 습도, 조도와 소음을 자유롭게 조절할 수 있으니 집중이 잘되고 효율성도 좋아졌다. 중간에 졸리면 침실에 가서 잠시 잔다. 그야말로 오피스-텔이다. 쉴 때면 장대높이뛰기선수가 바를 넘듯 세상에서 가장 아름다운 포물선을 그리며 침대로 점프한다. 아무리 생각해도 좌변기 낮잠은 굴욕적이었다.

3장

프로혼밥러 여기 있습니다

일반적으로 사람들은 하루에 세 끼, 일주일 동안 21끼를 먹는다. 야식을 즐기는 사람은 서너 끼를 더 먹을 테고, 다이어트하는 사람은 덜 먹을 것이다. 나는 대체로 21끼를 꼬박꼬박 챙겨 먹는 편인데, (왜인지는 모르겠지만) 어느 날 갑자기 궁금증이 생겼다.

'일주일 동안 혼자 먹는 끼니가 몇 번 정도지?'

몇 주간 꾸준히 기록해본 결과 평균 17끼를 혼자 먹고 있었다. 이른바 프로혼밥러였다. 아무리 홀로 보내는 시간을 마다하지 않는 편이라지만 이렇게까지 많을 줄은 몰랐다. 책바를 시작하고 독립도 하면서 혼밥이 절대적으로 늘어난 셈이다.

아침은 거의 100% 혼자 먹는다. 독립 전에는 이런 상상을 했다. 여유로운 아침을 맞이하게 될 테니, 느긋하게 재즈를 들으며 써니사이드업으로 계란 프라이를 하고 된장찌개도 보글보글 끓여 예쁘게 플레이팅해서 먹을 거라고. 하지만 현실은 전자레인지로 데운 즉석밥에 부모님이 해주신 반찬으로 간신히 연명 중이다. 반찬이 떨어지면 잠시 당황하다가 정신 차리고 동네 밥집에 간다.

물론 처음 독립했을 때는 때때로 소갈비살을 미디엄레어로 굽고 총총 썬 아스파라거스를 곁들인 다음 탄산수와 함께 마시기도 했다. 그런데 몇 번 하니까 다 귀찮아졌다. 안 그래도 책바에서 매일 칵테일을 만들고 설거지를 하는데 굳이 집에서까지 반복하고 싶지는 않았다. 그래서 큰 접시를 하나 장만해 밥과 반찬을 한꺼번에 담아서 먹고 한 번의 쓱싹거림으로 설거지를 마친다. 최대한 신속하고 깔끔하게.

물론 장점도 있다. 어렸을 때 가장 많이 들었던 잔소리 중 하나가 '꼭꼭 씹어 먹어라'였다. 성격이 원체 급해서 밥을 씹는 둥 마는 둥 서둘러 먹고 놀이터로 달려나갔기 때문이다. 그런데 나이를 먹을수록 점차 소화기관이 식사 속도를 견디지 못하게 됐다. 허겁지겁 먹으면 이내 체했다. 더 이상 돌멩이도 소화할 나이가 아니었다. 의도적으로 천천히 먹는 수밖에. 그래서 밥을 입에 넣을 때마다 5번 이상 씹으려고 노력했는데, 덕분에 오래 씹었을 때 특유의 단맛을 알게 됐다.

그러던 중 위기가 두 차례 왔다. 군대와 회사였다. 두 집단 모두 식사문화가 다소 경직된 터라 단체로 먹어야 했고 식사가 끝나면 (자연스러워 보이지만 자연스럽지 않게) 동시에 일어나야 했다. 특히 회사 다닐 때는 10명 넘는 팀이 사내식당에서 다같이 먹곤 했는데 어쩜 그렇게 쉬지 않고 말씀하시면서도 빨리 잡수시던지, 오로지 씹는 데만 집중해도 속도를 따라잡기 힘들었다. 다들 좋은 분들이라서 별말 없이 기다려주셨지만, 나는 차라리 다들 먼저 일어나길 바랐다. 기다리는 사람들을 앞에 두고 천천히 먹을 수는 없기 때문이다. 하지만 프로혼밥러인 요즘은 1시간 동안 밥알 하나를 1000번 씹어도 아무 상관이 없다.

좋은 점만 있는 건 아니다. 혼밥이 선택이 아니라 필수가 되는 순간 불현듯 찾아오는 외로움은 피하기 힘들다. 그중에서도 가장 외로울 때는 토요일 저녁이다. 대부분 가장 신경 써서 차려 입고 사랑하는 누군가와 함께 맛있는 음식을 먹는 시간이다. 나 역시 회사 다닐 때는 그랬지만, 책바를 열면서 상황이 정반대가 되었다. 토요일에는 한껏 멋을 낸 사람들 틈에 홀로 가장 일하기 편한 옷을 입고 있다. 일부러 약속도 잡지 않고 음식도 소화에 무리 없는 걸로만 찾는다. 책바 역시 토요일에 사람이 가장 많은데, 만약 컨디션이 조금이라도 좋지 않으면 그 기운이 손님이나 술에 전달될 수 있으니 온전히 일에 집중할 수 있는 상태를 만들어두는 것이다. 비록 외로울 때도 있고 금방 배고파진다는 단점도 있지만 일을 가장 잘할 수 있는 컨디션이라면 그걸로 만족한다.

하지만 혼밥을 하며 가장 크게 깨달은 점은 (드물게) 함께하는 식사의 소중함이다. 누군가와 함께 먹는 게 당연한 사람들은 쉬이 알지 못할 것이다. 혼자 먹는 시간이 얼마나 운치 있는지, 그리고 함께 먹는 시간은 또 얼마나 소중한지. 당연하게 보이던 것이 당연해지지 않는 때가 언젠가는 찾아온다.

책바 역시 토요일에 가장 사람이 많은데, 만약 컨디션이 조금이라도 좋지 않으면 손님이나 술에 그 기운이 전달될 수 있으니 온전히 일에 집중할 수 있는 상태를 만들어둔다. 비록 외로울 때도 있고 금방 배고파진다는 단점도 있지만 일을 가장 잘할 수 있는 컨디션이라면 그걸로 만족한다.

4장

과거의 점에서 미래의 점을 잇다

얼마 전 신문에서 인상적인 기사를 읽었다. 방송인 윤종
신의 인터뷰였는데, 12년 동안 출연했던 예능 프로그램 〈라
디오 스타〉에서 예능활동만 한 것이 아니라 게스트들이 살
아온 이야기를 귀담아 들으면서 음악적 아이디어에 연결시
키려 노력했다고 했다. 그가 각양각색의 프로젝트를 동시에
할 수 있는 비결이 바로 이거였다. 선순환 말이다.

내 일을 하게 되고 가장 좋은 점은, 하고 싶은 일을 마음
껏 기획할 수 있을 뿐 아니라 능동적으로 선택할 권리가 생
겼다는 것이다. 그동안 책바를 운영하며 다양한 분야에서 적
지 않은 제안을 받았다. 수락과 거절이 교차했던 각각의 선
택은 대부분 만족스러웠지만 때로는 후회를 남기기도 했다.

그러다 보니 프로젝트 진행 여부를 결정할 4가지 기준을 세우게 됐다.

① 합당한 보상을 받을 수 있는가
② 재미있는가
③ 의미 있는가
④ 선순환이 가능한가

이 중 두 가지 이상을 충족하면 긍정적으로 고려한다.

특히 마지막 기준인 선순환이 중요하다. 좋은 현상이 끊임없이 되풀이된다는 뜻인데, 운칠기삼運七技三이라는 말처럼 운도 필요하겠지만 의지에 따라 충분히 만들어낼 수 있는 거라 생각한다. 말하자면 인생의 점들도 의도를 가지고 원하는 방향으로 찍어나갈 수 있다. 따라서 어떤 일을 벌이거나 선택할 때 과거의 점과 연결시킬 수 있는지, 그리고 미래의 점과 연결할 부분이 있는지 끊임없이 고려하는 자세가 필요하다.

얼마 전 콘텐츠 플랫폼 '윌라'에서 책바만의 콘텐츠로 책을 소개하는 오디오북을 제안받았다. 한창 바쁠 때였지만 며칠 고민하다가 결국 수락했다. 한 번도 도전해본 적 없는 분야라 흥미로웠고, 무엇보다 선순환이 가능했기 때문이다.

독서 기반 커뮤니티 스타트업 '트레바리'의 제안으로 2018년 봄부터 독서모임을 운영하는 것도 같은 맥락이다. '책바살롱'이라는 이름의 이 모임은 책과 술에 대한 활발한 토론이 가능하도록 디자인했다. 조용한 분위기 때문에 평소에는 책바에서 하지 못했던 이야기들 말이다. 사실 이런 풍경을 보고 싶다는 마음이 트레바리의 제안을 수락하는 데 결정적인 역할을 했다.

책바살롱에서는 매달 책 한 권을 읽은 뒤 독후감을 써서 나눠 읽으며 토론하는데, 이 책들에는 모두 술이 등장한다는 공통점이 있다. 그러다 보니 술이 나오는 책이 점점 쌓였고, 앞으로 뭘 읽을지에 대한 계획도 자연스럽게 세울 수 있었다. 그렇다면 독서모임에서만 이 책을 다룰 것이 아니라, 지금껏 쌓인 목록에서 한 권을 골라 새로운 콘텐츠로도 만든다면 선순환이 될 것 같았다. 오디오북 〈애주가의 책방〉은 그렇게 탄생했다.

선순환 구조는 원소스 멀티유즈(One Source Multi Use, OSMU)와도 같다. 시간 절약이 가능하고 기존 콘텐츠의 가치를 끌어올려 시너지를 일으킬 수 있다는 장점이 있어 출판과 엔터테인먼트 산업에서 많이 쓰인다. 1925년에 발표된 소설 《위대한 개츠비》가 2013년 바즈 루어만의 동명 영화를 탄생시키고, 디즈니 애니메이션이 디즈니랜드와 각종 상품으로 재탄생한 것처럼 말이다. 책바를 통해 만든 선순환 구조도 대부분 OSMU였다. 그 과정은 아래와 같다.

- 소설 속에 등장하는 술 관련 문장들을 꾸준히 모아 메뉴를 만듦
  - → 정기적으로 메뉴를 업데이트하며 자료를 축적하다 보니, 모든 술에 의미가 담겨 있다는 사실을 알게 됨
  - → 연구와 가설을 담아 소설 속 술을 이야기하는 《소설 마시는 시간》을 씀
  - → 트레바리, 윌라, 각종 강연과 기고 등 다양한 응용 기회를 만나게 됨
  - → 메뉴 업데이트에 지속적으로 활용함
- 적당한 알코올은 감수성과 창의성을 증폭시킨다는 가설 하에 빌보드 차트를 만듦
  - → 빌보드 차트 결과를 한 달에 한 번 인스타그램, 페이스북 계정에 올림
  - → 참여도가 점점 높아지고 반응도 커짐
  - → 우수작이 담긴 책 《우리가 술을 마시며 쓴 글》을 출판
- 공간의 풍성한 경험을 위해 책바 마감송을 받기 시작
  - → 한 달에 한 번 마감송을 정리하여 인스타그램, 페이스북

계정에 올림

→ 참여와 반응이 점점 높아짐

→ 애플뮤직과 유튜브 계정에 공유 시작

윌라와 함께 〈애주가의 책방〉을 만들었던 건 트레바리와의 연결성 때문만은 아니었다. 언젠가 만들게 될 미래 콘텐츠와의 선순환도 고려했다. 말하자면 안개 가득한 미지의 땅으로 나아가는 징검다리 역할이다.

언젠가 발을 디뎌 더 이상 미지의 땅이 아니게 됐을 때, 그때는 조금 더 자신만만하게 말할 수 있으리라. 이 모든 일은 선순환을 통해 이뤄냈다고.

5장

혼자 일하는 사람들을 위해

올해 초부터 수영과 요가를 시작했다. 수영은 어렸을 때 배워서 곧잘 하는 편이지만 요가는 태어나서 처음이었다. 그래도 유연성은 나쁘지 않다고 자신했기에 다소 만만하게 보고 등록했다. 하지만 첫날, 앉아서 다리를 양쪽으로 벌리며 앞으로 숙이는 자세(우파비스타 코나아사나, 일명 박쥐 자세)를 시도하자마자 바로 생각을 고쳐먹을 수밖에 없었다. 다리를 90도 이상 벌리기도 힘든데 앞으로 숙여야 한다니, 그것도 가슴이 땅에 닿아야 한다니! 말 그대로 고문이었다. 얼굴이 저절로 일그러졌다. 인상파를 프랑스까지 가서 찾을 필요가 없었다. 유연성이 괜찮다는 자만은 바로 폐기처분했다. 옆에서 요리조리 능숙하게 자세를 취하는 아주머니들을 보자 겸

손한 마음이 한결 커졌다.

오랫동안 헬스만 해오다 수영과 요가로 전향한 건 나름 대로 특단의 조치였다. 아직 30대에 불과하지만 그래도 나이를 먹으니 조금씩 몸에 이상이 생겼다. 재작년에는 위장이 약해져 프로바이오틱스의 세계를 알았고, 그 김에 다른 건강 기능식품도 챙기기 시작했다. 올해는 목과 어깨 때문에 정형외과에서 도수치료를 받았다. 꾸준히 헬스를 하는데도 아픈 이유가 궁금해 물리치료사에게 물었다.

"혹시 제가 운동을 덜 해서 그런 건가요?"

"아니오. 제가 봤을 때는 그 정도 운동이면 충분한 것 같아요. 아마 다른 이유가 있을지도 모르겠는데, 혹시 일하는 환경을 여쭤봐도 될까요?"

"아, 저는 주로 밤에 일하는데 혼자서 공간을 운영하고 있어요. 그래서 신경 써야 할 일이 많은 편이에요. 더 잘하고 싶은 마음도 있고, 하나라도 빼먹으면 바로 티가 나거든요."

"그렇다면 아마 심리적 요인이 큰 것 같습니다. 보통 목과 어깨가 뭉치면 자세가 안 좋거나 운동을 안 해서인데, 이게 아니라면 단연 심리적 이유입니다. 완벽을 추구하는 성격이 근육에 부정적인 영향을 미칠 수 있어요. 근육을 키우는 운동도 중요하지만 마음을 다스리는 방법도 찾아보세요."

그 이야기를 들으니 작년 연말이 떠올랐다. 가을 휴가로 친구들과 캐나다 여행을 떠나기 며칠 전이었다. 평상시 나는 코와 입 번갈아가며 숨을 쉰다. 만성 비염 때문인지 코로만 숨을 쉬면 때때로 폐 끝까지 산소가 들어오지 않는 것처럼 느껴지기 때문이다. 그날 역시 평소처럼 코로 숨쉬다가 입으로 크게 숨을 들이쉬었는데, 또 완벽하게 채워지지 않는 기분이 들었다. 입을 벌려 한 번 더 크게 숨을 쉬었다. 그런데도 여전히 답답함이 가시지 않았다. 분명 최선을 다해서 숨쉬고 있는데 산소가 더 필요했다. 점점 숨이 가빠지기 시작했다. 산소가 부족한 작은 우주선에 있는 것 같았다. 머리가 어지러워지고 다리에 힘이 풀려 자리에 주저앉아버렸다. 온몸에 식은땀이 났다. 아무런 생각도 행동도 할 수 없었다. 그저 가장 나약한 자세로 엎드려 있을 수밖에. 그렇게 몇 분이 흐른 후에야 몸에 산소가 채워지는 것이 느껴졌다.

정신 차리고 증세를 알아보니 말로만 듣던 공황장애였다. 도무지 이해할 수 없었다. 공황장애는 남 일인 줄 알았는데 예상도 못한 순간 갑작스레 찾아온 것이다. 연예인처럼 극심한 스트레스를 받는 사람만 겪는다는 건 착각이었다. 아니면 나도 모르는 사이 스스로를 끊임없이 압박하고 있었는지도. 며칠 뒤면 10시간 넘게 비행기를 타야 하는데 또 이럴까 걱정돼, 과호흡증후군에 도움을 주는 봉지호흡법까지 알아보고 우황청심환도 한 알 샀다.

다행히 그 후로 공황장애는 찾아오지 않았다. 하지만 안심할 수 없었다. 이 불청객은 한 번 발생하면 언제든 다시 찾아올 수 있기 때문에 조치가 필요했다. 그때 눈에 들어온 것이 요가다. 요가를 즐겨 하는 사람들은 하나같이 몸과 마음을 다스릴 수 있다고 말했다. 특히 세상을 달관한 듯한 인자한 미소가 인상적이었다. 그 미소에서 한없는 신뢰감이 느껴져 요가를 시작해야겠다고 마음먹었다.

혼자 일하는 사람들은 그야말로 몸이 재산이다. 프로젝트에 맞춰 일하는 프리랜서든 작은 공간을 운영하는 사람이든, 몸에 이상이 생기는 순간 일에도 큰 차질이 생긴다. 동료가 있는 회사와 달리 누구도 자신을 대체할 수 없다. 그래서 나는 혼자 일하는 사람이 갖춰야 할 요건이 뭐냐고 물으면 자기관리능력을 가장 먼저 꼽는다. 특히 건강은 디폴트 상태가 플러스가 아닌 제로라서, 말하자면 어느 한 곳도 아프지 않은 상태가 보통인 것이라서 그 소중함을 쉽게 인지할 수 없다. 그러다 한 곳이라도 삐끗하는 순간(하물며 단순히 감기에 걸리더라도) 건강의 소중함을 절실히 깨닫는다. 그래서 제로 상태를 꾸준히 유지할 수 있도록 평소에 관리하는 능력이 필요하다.

다음은 실행력이다. '빨리 가려면 혼자 가고, 멀리 가려면 함께 가라'는 유명한 아프리카 속담이 있다. 회사뿐 아니라 각종 모임에서 함께의 미덕을 강조하기 위해 많이 언급한다. 하지만 나는 반대로 혼자의 미덕에 초점을 맞춘다. 말 그대로, 함께 가면 멀리 갈 수 있고 혼자 가면 빨리 갈 수 있는 것이다. 바꾸어 말하면 혼자일 때는 빨리 갈 수 있는 실행력이 뒷받침돼야 한다는 이야기다. 고민은 깊게 하되, 결정을 내린 순간부터는 신속하게 움직여야 혼자가 빛날 수 있다.

다행히 나는 강한 실행력 유전자를 가지고 있어서 어떤 일을 해야겠다는 생각이 들면 바로 움직인다. 일의 경중이 어떤지는 상관없다. 니플리스와 책바처럼 인생의 한 면을 결정한 선택도, 오렌지 주스나 로즈마리 등 식재료를 사야겠다는 사소한 일도 귀찮아하거나 필요 이상 고민하지 않고 바로 실행한다. 기고글 작성이나 강연 준비도 마감 전에 급하게 하는 경우가 거의 없다. 해야 할 일을 하지 않은 채 머릿속에만 남겨두는 상황을 못 견디는 성격이다. 그래서 스스로도 살이 넉넉하게 찔 수 없는 이유를 성격 탓으로 돌린다. 물론 일 외에는 실행력이 한없이 뒤처지기도 한다. 집의 터치형 비디오폰은 1년 넘게 고장 난 상태여서 어두운 밤에도 홀로 빛나고 있고, 병원에 보험금을 청구하러 가야 하는데 이것도 오랫동안 방치 중이다. 그리고 냉동실에 수많은… 여기까지만 하겠다.

물론 나도 많은 일이 몰아치면 버겁다. 실행력이란 빠르게 일에 착수하는 것뿐 아니라 하나도 놓치지 않고 꼼꼼히 해내는 것까지 포함하기 때문이다. 그래서 평소 습관과 충전이 중요하다. 샤워를 하든 잠들기 직전이든 해야 할 일과 아이디어가 떠오르면 투 두 리스트 앱에 바로 기록한다(왜 그럴 때 가장 잘 떠오르는지는 아직도 미스터리지만).

스스로에게 주는 보상도 중요하다. 1년에 두세 번은 무조건 책바를 닫고 출장(을 빙자한 여행)을 떠난다. 단기적으로 보면 매출 감소지만 재충전과 배움이라는 시각으로 보면 일종의 투자다. 지금까지 번아웃되지 않고 꾸준하게 일할 수 있었던 이유는 알아서 재충전을 해주었기 때문 아닐까. 하루에 여러 가지 일을 할 때도 보상을 준다. 중간에 식사나 게임 또는 운동처럼 뇌를 쉴 수 있는 이벤트를 넣는 식이다. 비루한 집중력을 만회하기 위한 나름의 조치다.

자기관리능력과 실행력은 혼자 일하기 위한 기초체력이다. 이게 바탕이 되어야 어떤 방향으로든 더 잘하기 위해 도전하고 나아갈 수 있다. 수영선수가 자유형과 배영 등 4가지 영법을 잘하기 위해 폐활량과 근육을 키우는 것처럼 말이다.

수영과 요가에서 얻은 건 하나 더 있다. 직장인들이 일하는 아침 시간대에 하다 보니 아무래도 함께 운동하는 이들

중 어르신 비중이 높다. 바꿔 말하면 수영과 요가는 나이 들어서도 꾸준히 할 수 있는 인생 운동이라는 이야기다. 괘씸한 불청객 덕에 평생 함께할 운동을 만났다.

6장

편견에 맞선다는 것

좋은 점도 많지만, 세상에 이토록 편견이 많다는 사실 또한 책바를 운영하면서 몸소 실감하고 있다. 책바는 그동안 존재하지 않았던 컨셉의 공간이고, 어울릴 것 같지 않은 두 가지를 함께 전달하고 있으며, 운영자가 일하는 시간이 일반 직장인들과 달라서 아무래도 평범하다고 할 수는 없다. 그래서인지 고정관념에서 비롯된 편견과 생각보다 많이 부딪힌다. 무엇보다도, 늦은 시각까지 운영하는 곳이어서인지 '술'에 대한 편견이 상당했다.

집안 설득 분투기

몇 년 전 조카가 결혼했다. 내 나이 마흔도 안 됐는데 벌써 조카가 결혼했다고? 요즘 시대에 흔치 않은 다산多産이 예전에는 흔했고, 그중에서도 내 외할머니는 출산과 육아의 희열과 고통을 누구보다도 많이 겪으셨다. 어머니는 무려 9남매 중 다섯째이고, 첫째이모의 딸은 나보다 스무 살 이상 나이가 많다. 그 누님의 딸이 바로 지금 이야기하는 조카다.

조카의 결혼식날, 대가족이 오랜만에 모인 자리에서 서로 안부를 물으며 인사를 나눴다. 유치원생 막둥이를 둔 막내삼촌도 그 자리에 있었는데, 미소를 지으며 이렇게 말하는 것이다.

"인성아, 요즘도 그 회사 잘 다니고 있다며? 역시 그만 한 회사가 없지?"

당황스러운 마음에 동공이 정처 없이 흔들렸다. 말 그대로 동공지진이었다. 책바를 시작한 지 벌써 몇 달이 지난 시점이었다. 부모님은 옆에서 다른 친척들과 웃으며 인사를 나누고 계셨고, 나는 긍정도 부정도 아닌 애매모호한 대답을 남기고 슬그머니 자리를 피했다.

그날 저녁, 집으로 돌아오는 길에 부모님께 여쭤보았다. 삼촌에게 내가 지금 회사에 다닌다고 이야기하셨냐고. 부모님은 가게를 시작한 지 얼마 안 됐으니 그냥 그렇게 말했다고 했다. 꿈을 찾아 시작했던 일이지만 부모님에게는 인정받지 못하고 있었던 것이다.

부모님 입장이 전혀 이해 안 되는 건 아니었다. 아버지는 은퇴할 때까지 회사 구성원으로 오랫동안 일하셨다. 두 분은 주말마다 교회에 나가 예배를 드리고 봉사도 종종 하신다. 그런데 이직이 아니라 퇴사를 불사한 것도 모자라, 기껏 시작했다는 게 밤늦게까지 바를 운영하는 일이니 놀랄 만도 하다. 사전에 정보를 충분히 공유하지 않고 일을 시작했던 내 잘못도 있다. 그래도 서운한 마음을 어쩔 수는 없었다. 이성과 논리를 떠나, 부모님만큼은 내 결정을 아무 이유 없이 이해해주시리라 생각했던 것이다.

하지만 마냥 서운해하거나 좌절할 수는 없었다. 부모님이 뭘 우려하시는지 명확히 파악해서 해소시켜드려야 했다. 대화를 나눈 결과 크게 세 가지 정도를 알게 됐는데, 하나는 능력에 대한 염려(이 일을 하면서 먹고살 만큼 벌 수 있는지)였고 다른 하나는 건강에 대한 염려(늦게까지 일하고도 일상생활에 지장이 없는지), 마지막은 업종에 대한 염려(술을 판매한다는 사실 자체)였다. 하나하나 각개격파해야 했다.

먼저 업종에 대한 염려는 어른들이 신뢰할 만한 방향으

로 불식시키고자 했다. 아직도 뉴스와 신문을 열심히 보시는 아버지에게는 언론을 활용했다. 마침 일과 삶의 균형에 대한 사회적 관심이 점차 높아질 때였고 책맥과 혼술이 '온전히 나만의 시간을 보낼 수 있는 방법'으로 대두되기 시작했다. 그에 맞춰 책바도 책맥·혼술을 즐기는 장소로 언론의 많은 관심을 받았다. 내가 좋아하는 것들을 합쳤을 뿐 트렌드를 의도하고 만든 것은 아니었는데 운이 좋았다.

공간 특성만 고려했다면 취재 요청은 대부분 거절했을 터였다. 국숫집이나 베이커리처럼 다다익선인 업종이라면 거절할 이유가 없지만, 책바는 명백히 다른 결의 공간이기 때문이다. 자신을 위해 차분한 시간을 보내는 곳이기에 너무 붐비면 오히려 가치가 떨어진다. 그렇지만 우선은 공간 운영자의 지속가능성이 더 중요했다. 최소한 부모님께는 허튼일이 아니라는 사실을 알려드려야 했다. 〈9시 뉴스〉든 신문이든 책바 소개가 나올 때마다 부모님께 알렸다. 덕분에 고정관념은 점차 사라졌다.

건강에 대한 염려는 책바를 열면서 고민한 삶의 방향성과 목적을 말씀드려서 설득했다. 이 일을 시작한 이유는 더 길고 풍성한 하루를 살고 싶어서이지, 다음 날 컨디션에 지장을 줄 정도로 밤늦게까지 일하기 위해서가 아니었다. 어차피 수면시간은 6시간 정도라, 새벽 3시에 자더라도 보통 사람들과 비슷하게 하루를 시작할 수 있었다. 마감 시각을 새벽 1시 반으로 결정한 것도 그래서였다. 그래도 부모님의 우려는 여전했다. 어느 날 (진심인지는 모르겠지만) 밤 10시에는 자야 키도 크고 건강에 좋다고 말씀하시는 것이다. 아니, 키가 큰다고…? 내 나이가 지금 몇인데! 자식이 몇 살이든 부모에겐 애라는 말은 진실이었다. 그래서 요즘은 건강을 위해 어떤 노력을 하는지 종종 알려드린다. 이런저런 운동을 하고 있고, 이 건강기능식품을 먹으면서 영양소를 보충하며, 요즘은 어느 정도로 꿀잠을 자고 있는지까지. 책바의 장점 중 하나가 눈만 감으면 잠들도록 (몸을 피곤하게) 만들어주는 것인데, 이 점도 지속적으로 어필 중이다.

마지막으로 능력에 대한 염려는 객관적인 숫자로 증명하는 수밖에 없었다. 세무서에서 소득금액증명원을 떼서 직접 보여드렸다. 단 두 문장만 썼지만, 이것도 엄청난 노력의 결과다.

모르는 사람의 편견, 아는 사람의 오해

책바 앞에 교자와 맥주를 파는 작은 술집이 하나 있었다. 3개 국어가 가능한 주인장이 운영해서 그런지 외국인들이 눈에 띄게 자주 오고, 책바를 전혀 몰랐다가 이 술집에서 알게 된 사람들도 많다. 운영시간에 잠시 화장실에 가거나 쓰레기를 버리러 나갈 때면 그 술집 손님들이 책바에 관해 이야기하는 걸 종종 들었다.

가장 많이 듣는 건 '신기하다'는 표현이다. 실제로 어떤 이들은 책바에 들어와 잠시 구경하기도 하고 바깥에서 가게 안을 살펴보기도 한다. 그중 몇몇 사람은 이렇게 덧붙인다.

"그런데 책과 술이 어울린다고 생각해?"

책바가 몇몇 기사를 통해 소개됐을 때도 비슷한 댓글이 많았다. 술은 취하기 위해 마시는 거다, 술을 마시면 책이 눈에 안 들어온다, 술 마시면 졸립다 등등. 모두 존중한다. 우리는 다양성을 보장하는 사회에 살고 있으니까. 하지만 이런 사람들도 있지 않을까. 취하지 않게 적당히 술을 마시는 사람, 술 마시면 책이 눈에 더 잘 들어오는 사람, 술 마셔도 졸리지 않는 사람. 절대다수는 아닐 수 있어도 책바는 이런 사람들을 위한 공간이다.

최근까지 한국의 음주문화 패러다임은 '함께', '시끌벅적', '만취' 같은 단어가 차지했다. 그러나 시간이 흘러 술을 '혼자', '조용히', '적당하게' 즐기는 문화도 점점 확산되고 있다. 처음에는 반신반의했다가 책바가 추구하는 음주문화에 빠져든 사람도 많다. 이들은 책과 술의 절묘한 시너지를 경험한 뒤 단골이 되기도 하며, 책을 읽고 싶지 않은 날에는 이어폰을 끼고 조용히 영화를 보거나 일기를 쓴다. 생소한 조합의 매력뿐 아니라 혼자 보내는 시간의 가치를 알게 된 것이다.

책과 술 조합에 대한 의문은 오픈 때부터 지금까지 꾸준히 맞설 수밖에 없는 편견이다. 아마 책바가 사라지는 그날까지 없어지지 않을 것이다. 다만 말하고 싶은 건, 한 번쯤은 경험해보고 판단해도 좋지 않겠냐는 것이다. 새로운 세계로 들어가는 문일지 누가 알겠는가.

반면 지인의 반응은 조금 다르다. 그들은 (내 앞이어서 그런지 몰라도) 책과 술 조합이 신기하다는 정도다. 대신 부러워하는 눈빛으로 이런 말을 한다.

"바 운영하니까 술은 마음껏 마시겠네! 그리고 늦잠도 잘 테니 얼마나 좋아."

이상과 현실의 괴리가 이렇게나 크다. 물론 술을 마음껏 마실 수 있는 환경이라 볼 수도 있다. 도매로 술을 저렴하게 구할 수 있고, 일하는 시간에도 등만 돌리면 수많은 술들이 간택을 바라며 대기하고 있다. 그저 손만 뻗으면 된다. 자—자…!

하지만 결정적인 문제가 있다. 내가 일하는 공간이어서 그런지 술이 안 당긴다. 자유로운 분위기를 추구하는 회사들

시간이 흘러 술을 혼자, 조용히, 적당하게 즐기는 문화도 점점 커지고 있다. 처음에는 반신반의했다가 책바가 추구하는 음주문화에 빠져든 사람도 많다. 이들은 책과 술의 절묘한 시너지를 경험한 뒤 단골이 되기도 하며, 책을 읽고 싶지 않은 날에는 이어폰을 끼고 조용히 영화를 보거나 일기를 쓴다. 생소한 조합의 매력뿐 아니라 혼자 보내는 시간의 가치를 알게 된 것이다.

이 근무시간에도 술을 마실 수 있게 시설을 갖춰놔도 정작 구성원들은 이용하지 않는 것과 비슷하다. 술을 마셔도 퇴근 후 회사에서 멀리 떨어진 곳에서 마시는 게 (마음도 편하고) 맛있게 느껴지는 것처럼 말이다. 더불어 손님에 대한 예의도 아니라고 생각한다. 나는 바를 운영한 지 이제 4년 정도 되었기에 아직 전문성을 갖췄다고 자부할 수준은 아니다. 오랫동안 술을 다뤄온 사람이라면 적당히 취한 상태에서도 술을 맛있게 만들 수 있겠지만, 나는 조금도 취하지 않았을 때 가장 만족스러운 결과물이 나온다.

수면시간은 밤에 일하는 다른 사람들과 비슷하다. 늦게 잔다고 더 많이, 늘어지게 자는 건 아니다. 내가 아는 바텐더나 술집 사장 중 게으른 사람은 한 명도 못 봤다. 다들 늦게 자지만 그 시간만큼만 늦게 일어나지, 필요 이상으로 잠만 즐기는 사람은 없다. 오히려 욕심 많은 사람은 이른 아침부터 운동하거나 이것저것 배우러 다니기도 한다. 이 일을 선택한 건 더 많이 자기 위해서가 아니라 더 많은 선택의 자유를 확보하기 위해서다. 다만 술을 흥겹게 마신 다음 날 아침을 맞을 때 과거와 비교도 안 될 정도로 마음이 편한 건 사실이다. 출근하기까지 아직 시간이 충분하니까.

7장

일희일비에 대하여

일희일비 一喜一悲하지 말자.

장사하는 사람이라면 한 번쯤 읊었을 주문이다. 어떤 날은 평일인데도 주말보다 매출이 나기도 하고, 어떤 날은 주말인데도 턱없이 낮은 매출을 기록하기도 한다. 자매품으로 용두사미龍頭蛇尾라고 (나만) 부르는 날이 있는데, 개점시간부터 손님이 몰려와 준수한 매출을 예상했지만(그리고 잠시 기고만장해졌지만) 시간이 갈수록 손님이 끊기는 현상을 말한다. 반대로 초반에 손님이 드물어 시무룩했는데 뒤늦게 몰려오는 날도 있다. 그야말로 일희일비하게 되는 나날이 이어진다. 하지만 주문을 외는 이유는, 일희든 일비든 마음에 좋지 않기는 매한가지이기 때문이다.

일희의 마음은 사람을 나태하게 만든다. 나도 모르게 수동적이 되어, 열심히 짜둔 계획을 미루고 만다. 일희에서 일비로 넘어가는 순간 부랴부랴 움직여봐도 이미 타이밍은 지났다. 나태로 끝나면 그나마 다행이다. 때로는 자만으로 이어져 무심결에 행동으로 드러나기도 한다.

일비의 마음은 더 안 좋다. 매출 부진의 모든 원인을 나에게서 찾기 시작하고, 결국 한없이 자괴감에 빠진다. 그때마다 나는 영화 〈트루먼 쇼〉가 떠오른다. 주인공 트루먼 버뱅크(짐 캐리 분)는 씨 헤이븐이라는 거대한 스튜디오에 산다. 자신은 진짜 삶을 산다고 믿지만, 사실 그의 일거수일투족은 생방송으로 중계되고 있다. 어린 시절 아버지의 죽음, 고민을 터놓을 수 있는 친구, 아내의 부자연스러운 모습 모두 연출이다. 모든 사람들이 자신을 속이고 있는 것이다. 심각할 정도로 손님이 오지 않는 날이면 마치 내가 트루먼 버뱅크가 된 것 같다. '어쩜 이렇게 손님이 안 올 수 있지? 내가 시험에 들도록 세상 모든 사람들이 작당한 것 아닐까? 어디에선가 다 함께 나를 관찰하고 있는 거 아니야?' 함께 일하는 사람이 있으면 농담 따먹기라도 할 텐데, 혼자 일하니 공상에 빠지기 시작하면 끝도 없다.

그래서 평정심을 유지하는 것이 중요하다. 일매출이 들쭉날쭉해서 그날그날 일희일비해도 결국 월매출은 대체로 비슷하다는 점을 늘 상기하려고 한다. 부진했던 주중 매출을 주말에 메우기도 하고, 주중에 만족스러웠던 매출이 주말에 가라앉기도 한다. 이번 주 부족했던 매출을 그다음 주에 채우는 때도 있다.

평정심을 유지하는 좋은 방법은 프레임 전환이다. 프레임 전환의 힘은 가끔 놀라워서, 덕분에 회사에 다닐 때도 그 유명한 월요병이 없는 편이었다. 출근하는 날이라기보다는 '오랜만에 운동하는 날'로 생각을 바꿔먹은 덕이었다. 새벽 일찍 사내 헬스장에서 주말 동안 술로 채웠던 몸을 제자리에 돌려놓고 나면 어느새 업무시간이었다. 월요병이 생길 틈이 없었다.

책바 운영도 마찬가지다. 평소보다 한가하다고 해서 매출 걱정만 하며 자괴감에 빠질 필요는 없다. 읽고 싶었던 책을 읽거나 밀렸던 글을 쓰면서 일할 수 있는 날이라고 프레임을 전환하면 된다. 이 같은 프레임 전환과 실천은 의외로 효과가 커서, 일희일비에 덜 휘둘리도록 해주었다.

물론 만병통치약은 아니다. 한가한 날이 며칠간 계속되면 걱정이 커져서 책도 손에 안 잡힌다. 그때는 자괴감이고 뭐고 문제를 해결할 방법을 찾아야 한다. '어떻게 하면 사람들이 찾는 공간이 될 수 있을까'를 늘 고민해야 하는 이유다.

'나이키의 경쟁자는 닌텐도'라는 말이 한때 많이 회자됐다. 동종업계의 아디다스나 룰루레몬에만 경쟁자를 국한시키지 않고 여가시간 점유율까지 고려한 점이 인상적이었다. 책바도 마찬가지다. 정말 싸워야 할 상대는 다른 술집이나 서점이 아닌, 날씨와 거리라고 생각한다.

책바에 오지 않을 이유는 셀 수 없이 많다. 날씨가 좋으면 한강이나 공원에서 시간을 보낼 수 있고, 반대로 날씨가 안 좋으면 집에 곧장 들어가거나 몰에서 쇼핑하거나 영화를 보면 된다. 굳이 서울 구석에 있는 책바가 아니어도 가까운 곳에 멋진 공간이 많다. 그럼에도 불구하고 좋은 날씨든 나쁜 날씨든 얼마나 멀든 상관없이, 내가 운영하는 공간에 사람이 오도록 만드는 것이 공간 운영자의 미션이다.

특히 을지로 노포 우래옥을 보면서 날씨를 이기는 공간을 만들고 싶다는 욕심이 생겼다. 유난히 추운 겨울날, 가족과 함께 을지로에 갔다가 점심시간이 되어 우래옥으로 향했다. 평양냉면을 좋아하기도 하지만 손발이 얼 정도로 추운 날씨라 평소보다 한가할 거라고 예상했기 때문이었다. 하지만 예상은 처참히 빗나갔다. 아무리 냉면이 태생적으로 겨울 음식이라지만 이렇게 추운 날 대기표를 뽑게 될 줄은 몰랐다. 사람들이 우래옥을 찾지 않을 이유만큼 찾는 이유도 다양하다는 걸 그때 새삼 느꼈다. 평양냉면 중에서도 유독 기억에 남는 육수 맛 때문에, 냉면과 함께 먹는 불고기가 맛있어서, 3대째 이어진 가족의 추억이 담겨 있어서, 아니면 2층으로 올라가는 계단이 마음에 들어서 등등. 이런 이유들이 거리와 날씨의 장벽을 무너뜨리고 걸음을 옮기게 만든다.

책바에 손님이 없는 날 지인에게 장사의 어려움을 토로하면 그들은 이렇게 말했다.

"미세먼지가 많아서 그래."

"월드컵 경기가 있어서 그래."

"벚꽃이 만개해서 윤중로로 갔나 봐."

그런 날에도 우래옥에는 사람이 많았을 것이다. '그럼에도 불구하고'를 가능하게 만드는 공간은 늘 있다. 그러니 일희일비하며 핑계만 찾지 말고, 책바가 그런 공간이 될 때까지 내가 중심을 잡아야 한다.

〈트루먼 쇼〉 주인공 트루먼의 트라우마는 아버지를 여의었던 바다다. 첫사랑을 찾기 위해 피지 섬으로 떠나고 싶지만 수많은 (만들어진) 제약들에 가로막힌다. 어느 날 그는 자신의 삶이 조금 이상하다는 사실을 깨닫고 갑자기 사라진다. 방송국은 난리가 나고, 사람들을 동원해 그를 찾으려 한다. 우연히 트루먼이 발견된 곳은 그가 있을 거라고는 전혀 예상하지 못했던 바다였다. 그는 트라우마를 마주하기로 선택했고, 방송국이 태풍까지 만들어내며 포기를 종용하지만 트루먼은 굴하지 않고 담대하게 나아간다. 결국 어려움과 고난을 이겨내게 한 건 자신에 대한 담대한 믿음이었다.

나도 마찬가지다. 일희일비에 굴하지 않고 평상심으로 계속 나아가는 것. 더불어 공간 운영자로서 공간에 와야만 하는 이유를 꾸준하게 만들어내는 것.

쉽지 않겠지만 앞으로도 지켜야만 하는 마음가짐이다.

책바에 손님이 없는 날, 그런 날에도 우래옥에는 사람이 많았을 것이다. '그럼에도 불구하고'를 가능하게 만드는 공간은 늘 있다. 그러니 일희일비하며 핑계만 찾지 말고, 책바가 그런 공간이 될 때까지 내가 중심을 잡아야 한다.

8장

그래도 행복하게 일합니다

"하나만 여쭤볼게요. 이 일 하니까 행복하세요?"

4년 전 북바이북에서 내가 했던 질문을 책바에서 똑같이 받을 때가 있다. 이들은 대체로 홀로 와서 술 한두 잔 마시며 사색에 잠겼다가, 떠날 때 다소 상기된 표정으로 묻는다. 아마도 그때의 나와 비슷한 정황일 것이다. 나는 망설임 없이 대답한다.

"네. 모든 게 좋을 순 없지만 그래도 행복하게 일해요."

사람마다, 시기마다 행복의 정의는 다르다. 지금 내가 정의한 행복도 4년 전과는 다를 수 있다. 누군가는 한 해 순수익이 1억이 넘으면 행복하고, 누군가는 상사 눈치 볼 필요 없이 일할 수 있으면 행복할 것이다. 그렇다면 내 이유는 무엇일까? 나는 왜 이 일을 하면서 행복하다고 답했을까? 망설임 없이 대답할 수 있었던 이유를 잠시 생각해봤다. 오픈 전부터 고려했던 적당한 수입과 일의 자율성 등을 제외하자 크게 세 가지를 꼽을 수 있었다.

첫 번째는 결과에 대한 피드백이 빠르다는 점이다. 회사에서 느꼈던 아쉬움 중 하나가 내 일의 성과를 측정하기 어렵다는 것이었다. 칭찬과 개선점을 적절히 분배하여 틈틈이 피드백해주는 상사는 거의 없었다. 더불어 내가 담당하는 브랜드 제품이 소비자에게 어떤 반응을 얻고 있는지 알 방법은 월말마다 확인하는 매출이 거의 전부였다. 그렇다고 대형마트나 편의점에 가서 고객이 제품을 구매하는 순간만 지켜볼 수는 없었다(실제로 궁금한 마음에 몇 번 가긴 했지만 매번 그럴 수는 없으니까).

하지만 책바 일은 손님이 들어오는 순간부터 자연스럽게 피드백을 받을 수 있다. 책바를 운영하면서 알게 된 진실 중 하나는, 입은 거짓을 말할 수 있으나 몸의 반응은 정직하다는 것이다. 손님이 문을 열고 들어올 때, 그리고 술을 한 모금 마실 때의 표정과 몸짓을 살펴보면 얼마나 만족하는지 단박에 알 수 있다. 실제로 첫 모금에 대한 리액션이 좋은 손님은 빠르게 잔을 비우거나 같은 술을 한 번 더 주문하는 경우가 많았다.

반면 술맛과 공간 경험이 어땠냐는 질문에 좋다고 대답했어도, 막상 떠난 자리를 보면 술이 남아 있는 경우도 종종 본다. 사람들은 부정적인 말을 듣기 싫어할 뿐 아니라 하기도 싫어한다. 극단적으로 맛이 없거나 공간이 엄청나게 아쉽지 않은 이상 대체로 불만족을 이야기하지 않는다.

그래서 표정과 몸짓을 관찰할 필요가 있다. 두 손으로 몸을 감싸고 팔을 문지르는 손님에게 '추우세요?' 물으면 대부분 괜찮다고 하지만, 공간 운영자는 곧이곧대로 믿지 말고 에어컨을 끄거나 담요를 전달해야 한다. 그 후 손님의 표정을 보면 제대로 행동했는지 알 수 있다.

말하자면 책바에서는 손님마다 적어도 두 번은 솔직한 피드백을 받을 기회가 있다. 문을 열고 들어오는 순간과 술 첫 모금을 마실 때. 피드백을 자주 받는다는 건 일에서의 성취감이 중요한 내게 매우 충분한 행복조건이다.

두 번째는 정신과 육체노동의 조화다. 태초의 인류가 그러했듯 사람은 몸을 적절히 움직여야 하는 존재다. 뇌가 육체활동에 보상을 주도록 진화했기 때문이다. 심지어 서 있기만 하는 가벼운 활동으로도 근육이 혈류 내 지방을 씻어내는 효소를 방출하도록 만든다.

건강상 이유 말고 육체노동 자체의 즐거움도 있다. 스쿱으로 얼음 푸기, 셰이커를 두 손으로 잡고 리듬에 맞춰 흔들기, 심지어 설거지까지 몸이 즐기고 있다는 사실에 놀랄 때가 종종 있다. 마치 좋아하는 운동을 하는 것처럼(물론 너무 많이 하면 즐거움이고 뭐고 힘들기만 하지만).

육체노동을 하는 동안 뇌까지 덩달아 열심히 움직이는 것도 좋다. 가령 손님이 술을 추천해달라고 했을 때 머릿속에 떠오른 수십 가지 후보 중 하나를 선택하는 일이라든가, 책을 골라줄 때 '서른, 우울, 에세이' 같은 키워드를 받아 적절한 몇 권을 건네는 일 말이다. 이렇게 머리와 몸을 함께 사용하는 노동은 묘하게 안정감을 줄 뿐 아니라 밤에 눈만 감으면 바로 잠들어버리는 기막힌 수면습관도 만들어줬다.

마지막은 책바라는 공간으로 긍정적인 영향을 전달한다는 점이다. 원래는 '머무는 시간'을 통해 사람들에게 좋은 영향을 줬으면 했다. 하지만 어떤 손님들은 이에 그치지 않고 책바에서 받은 영감으로 새로운 도전을 시작했다. 그들은 각자가 하던 일에서 벗어나 싱글몰트 위스키를 전문으로 하는 바, 취향 맞는 사람들끼리의 인문 예술 커뮤니티, 각종 잡지를 열람할 수 있는 멤버십 공간, 거실에서 낯선 이들과 집주인의 취향을 나누는 서비스 등 시간을 풍요롭게 만드는 각양각색의 공간 및 서비스를 만들었다. 몇몇은 긴밀하게 조언을 구하기도 했다.

책바가 그랬듯 이 공간들도 다른 누군가에게 영감을 주고 새로운 시작을 이끌도록 할 것이다. 말 그대로 선순환이다. 내가 꿈꾸는 모든 커리어 골의 대전제는 긍정적인 영향력인데, 이렇게 선순환을 만들어냈으니 뿌듯할 수밖에. 더불어 사명감도 더욱 단단해졌다.

누군가는 일하면서 행복을 찾는 것이 허황된 꿈이라고 말한다. 일은 단순히 돈을 버는 수단이거나 자신의 지위를 표현하는 방식이라고 한다. 하지만 돈과 지위는 결국 남과 비교하게 되는 매개체라, 이걸로만 일에 접근한다면 시간이 지날수록 타인과의 차이 때문에 불만족에 빠질 확률만 점점 높아질 뿐이다.

반면 시간이 지나도 변하지 않는 것이 있다. 내 경우는 신속한 피드백, 그리고 정신과 육체노동의 조화다. 이 두 가지는 지금 하는 일에서 벗어나지 않는 이상 그대로일 것이다. 말하자면 내가 일터에서 찾은 '변하지 않는 나만의 행복'이다. 일하는 각자가 이런 행복을 찾는 것이, 오랫동안 할 수밖에 없는 일을 꾸준히 잘하도록 만드는 방법 중 하나다.

나는 일터에서 '변하지 않는 나만의 행복'을 찾았다. 일하는 각자가 이런 행복을 간직하는 것이, 오랫동안 할 수밖에 없는 일을 꾸준히 잘하도록 만드는 방법 중 하나다.

4부

나답게 산다

활약하는 경영자 대부분은 타인(고객도 포함)이 어떻게 생각할지가 아니라, 자신이 원하거나 자신이 옳다고 생각한 일을 실천하고 있었다. 주위 눈치를 보지 않고 오로지 자신이 감동할 거리를 찾는다. … 우주는, 자기 외측에 있는 우주와 자기 마음속에 있는 우주 양쪽이 있다고 생각하지만 앞으로의 시대는 자기 안의 우주가 중요해질 것이다.

-《취향을 설계하는 곳, 츠타야》,
마스다 무네아키, 장은주 옮김, 위즈덤하우스 펴냄

1장

사라진다는 것

지난 겨울의 일이다. 토요일 영업을 마치고 단골손님과 함께 문을 나서는데 손님이 다급한 목소리로 외쳤다.

"사장님…! 벽이 울고 있어요!!"

처음에는 무슨 뜻인지 이해할 수 없었다. 벽이 울고 있다니, 사람도 아니고 벽이? 그런데 고개를 돌려보니 정말 벽이 울고 있었다. 정확히 말하면 벽을 타고 물이 철철 흘러내리고 있었다. 위층에 있는 수도계량기가 동파되어 아래층까지 샌 것이다. 조금만 신경 써서 관리했어도 터질 일은 없었을 텐데, 위층 가게 운영자가 장사를 접고 1년 가까이 방치해둔 이유가 컸다. 그는 오랫동안 장사가 안 되자 가게를 포기했다. 계약 만기까지는 월세를 내야 했지만 결국 건물주도 받지 못한 채 포기했다고 들었다.

지금 그 자리에는 다른 술집이 들어왔다. 책바가 한곳에서 자리를 지키는 동안 어느 곳은 이미 두 번이나 주인이 바뀌어 현재 세 번째 가게가 영업 중이다. 건물에서 가장 오래된 가게 타이틀을 이제 4년을 갓 넘긴 책바가 차지하게 됐다.

책바가 위치한 연희동은 강북의 메인 상권 중 하나인 홍대 끝자락에 있다. 상권 중심부보다는 부침이 덜하겠지만 하루하루 변하는 모습이 눈에 보인다. 오래된 집이 헐리고 그 자리에 높은 건물이 세워졌으며, 터줏대감처럼 지역을 지켰던 철물점과 세탁소 대신 카페나 프랜차이즈점이 들어오기 시작했다. 그렇다고 건물이 바로바로 채워지는 것도 아니다. 새 건물은 높은 임대료 때문에 1년 가까이 비어 있는 경우가 허다하고 오래된 건물도 2층 이상 공실률이 어마어마해서, 안은 이미 비었고 간판만 남은 모습을 보면 영 마음이 편치 않다. 아무래도 남일 같지 않아서다.

중소기업연구원의 2016년 조사에 따르면 1년 내에 폐업하는 소상공인이 40.2%이고, 2년째에는 53.7%, 3년은 62%, 5년은 무려 69.1%라고 한다. 즉 5년이 지나면 10곳 중 세 곳만 남는다는 말이다.

여기서 눈여겨봐야 할 수치는 1년 내 폐업률과 3년 이후의 폐업률이다. 1년 안에 닫을 확률은 40%나 된다. 많은 이들이 희망을 품고 시작하지만 금방 포기하는 경우가 절반 가까이라는 뜻이다. 이상과 현실의 괴리가 그만큼 크다. 단적으로, 커피를 좋아하는 사람은 카페를 열고 싶어 하고 책을 좋아하는 사람은 서점을 열고 싶어 한다. 하지만 막상 공간을 만들고 나면 현실은 상상과 전혀 다른 양상으로 흘러간다는 사실을 깨닫게 된다. 서점 운영자는 궁극적으로 책을 잘 판매해야 하는 직업이지 그저 읽는 직업이 아니다. 읽더라도 잘 판매하기 위해 읽는 것이다. 단순히 좋아할 뿐이라면 그런 공간에 가서 즐기는 것이 맞다. 결국 좋아하는 마음만큼이나 사업 마인드도 단단하게 잡힌 상태에서 시작해야 한다.

반면 개업한 지 3년 이후로는 폐업률 오름세가 비교적 완만하다. 3년을 잘 버틸 수 있으면 계속 해나갈 확률도 높다는 뜻인데, 이 시간을 무탈하게 보내기 위해서는 무엇보다도 넉넉한 자금이 필요하다. 물론 '넉넉하다'는 표현이 절대적인 수치를 의미하지는 않는다. 처음 시작할 때 자신의 재무상황을 고려하여 무리하지 않는 선에서 지출해야 한다는 뜻이다. 아슬아슬한 재무상황은 사업할 때 원래 계획보다 무리하도록 만든다. 원가절감을 위해 재료의 질을 낮추거나 종목을 불필요하게 변경하는 것처럼 말이다. 가령 내가 종종 가던 돈가스 가게는 장사가 잘 안 되자 떡볶이도 메뉴에 추가하고 나중에는 만두까지 팔았는데, 한동안 발걸음을 끊었다가 오랜만에 들여다보니 어느새 다른 가게로 바뀌어 있었다.

폐업하는 이유를 단순하게 따져보면 크게 두 가지다. 이익은 매출에서 지출을 뺀 값인데, 매출이 과하게 낮거나 지출이 높아서 이익을 못 냈기 때문이다. 지출이 비정상적으로 높다면 임대료나 인건비가 원인인 경우가 많다. 건물주를 잘못 만나서 매해 임대료가 상승하기도 하니까. 때문에 부동산 계약을 맺기 전 같은 건물의 다른 가게에 현황을 문의하는 것이 도움될 수도 있다. 대놓고 임대료 상승폭을 질문하면 부담스러울 테니, 건물주가 어떤 사람인지 물어보는 것만으로 충분하다.

지출보다 더 큰 문제는 매출이다. 지출은 건물주만 괜찮다면 어느 정도 예측 가능한데 매출은 도저히 예상할 수가 없다. 하지만 뒤집어 생각했을 때, 매출은 잘만 하면 얼마든지 높일 수 있다는 말도 된다.

매출 산정 공식은 '고객 수×객단가'인데, 보통 객단가보다 고객 수가 우선이다. 줄 서서 먹는 맛집이 아닌 이상, 어떻게든 손님이 지속적으로 와서 자리를 채우도록 만들어야 한다. 공간을 방문하도록 이끄는 '우리 가게만의 이유'가 그래서 필요하다. 만약 손님이 부족하다면 〈골목식당〉에 나오는 가게들처럼 전문가에게 컨설팅을 받거나, 하다못해 감각 있는 지인에게라도 조언을 구해야 한다.

대외적 요인도 무시할 수 없다. 유독 한국 사람들은 새롭게 뜨는 동네와 공간들을 좋아한다. 가로수길에서 이태원으로, 이태원에서 경리단길로, 경리단길에서 연남동으로, 연남동에서 성수와 을지로로 트렌드가 바뀔 때마다 우르르 몰려간다. 트렌드 때문에 동네가 뜨면 덩달아 임대료도 오르고 곧 젠트리피케이션의 그림자가 동네를 뒤덮는다. 책바처럼 3년을 넘긴 가게도 위기다. 첫 1~2년은 오픈 특수라도 있지, 시간이 지날수록 사람들의 관심은 식는다. 운영을 정말 잘해야 그나마 버틸 수 있다. 다시 관심을 받으려면 30년은 넘겨서 노포로 인정받는 길뿐이다.

얼마 전 골목앤바이닐펍이 6년간의 영업을 마치고 폐업했다. 처음 공지를 봤을 때 깜짝 놀랐다. 앞에 썼다시피 애정과 추억이 담긴 공간일 뿐 아니라, 한창 내가 다녔을 때에는 늘 붐볐기 때문이다. 폐업 며칠 전, 간신히 시간을 내서 오랜만에 방문했다. 구석에 있는 사장님에게 다가가 처음으로 말을 건넸다. 폐업 소식에 깜짝 놀랐다고, 정말 좋아하던 곳인데 오랜만에 와서 죄송하다고 말했다. 사장님은 웃는 얼굴로 내 어깨에 손을 올리며 뼈있는 대답을 했다.

"그러면 자주 오셨어야죠."

머리를 한 대 맞은 기분이었다. 그렇다. 공간을 아낀다면 더 자주 갔어야 했다. 말로만, 마음으로만 표현하지 말고.

그날 밤 SNS에 아쉬움 가득한 글을 올렸다. 그러자 똑같이 아쉬워하고 놀라워하는 댓글들이 달렸다. 아마 모두 같은 심정이었을 것이다. 공간에 대한 애정을 말과 마음으로만 표현하고 정작 가지 않았던 데 대한 미안함.

마이클 잭슨의 〈Love never felt so good〉은 내가 골목앤 바이닐펍에 갈 때마다 신청했던 노래다. 마지막으로 듣던 그날, 멜로디는 여전히 신났지만 목소리는 유난히 슬프게 들렸다.

2장

고민과 성찰은 계속됩니다

좋아하는 일을 찾았다고 해서 일에 대한 고민이 사라지는 것은 아니다. 현재 하는 일은 물론이고 예측하기 어려운 미래의 일까지, 고민은 늘 존재할 수밖에 없다. 그렇다고 내가 평소에 생각이 많은 사람은 아니다. (명료하다고 하고 싶지만) 오히려 없는 편에 가깝다. 걸을 때는 오로지 걷는 행위에만 집중하고, 침대에 누워 눈을 감으면 금방 잠든다. 그런 나조차도 틈틈이 생각을 한다는 사실은 누구나, 어떤 일을 하든 일에 대한 고민은 있다는 뜻일 것이다.

지금 하는 고민은 건강한 편이다. '어떻게 하면 더 잘할 수 있을지'가 대부분이니까. 방문하는 모든 손님들에게 만족스러운 시간을 선사하고 싶고, 책바라는 브랜드가 더 단단해지는 방법을 찾고 싶다. 사업이기 때문에, 어떻게 하면 더 많이 벌지에 대해서도 당연히 고민한다.

그에 비해 미래에 대한 고민은 덜 건강한 편이다. '앞으로도 지금처럼 할 수 있을지'에 대한 걱정이 담겨 있기 때문이다. 먼저, 몸을 많이 쓰는 일이니 체력 저하가 은근히 큰 걱정이다. 한 해가 지날 때마다 몸이 한두 군데씩 신호를 준다. 재작년에는 장, 작년에는 목과 어깨였다. 못 먹는 음식이 늘어나고 챙겨먹는 영양제도 늘었다. 도수치료와 실비보험의 세계를 알게 됐다. 하지만 체력저하는 이제 시작이다. 20대와 30대의 간극, 그리고 30대와 40대의 간극을 비교해보면 아무래도 후자가 더 클 테니까. 40대 그리고 50대가 되면 어떨지 궁금하긴 하지만 건강 문제가 조금은 두렵다. 최대한 빨리 경제적 자유를 얻어 어린 나이에 은퇴하는 파이어족(FIRE, Financial Independence Retire Early)이 아닌 이상, 앞으로 몇 십 년은 (먹고살기 위해서라도) 더 일해야 하는데 앞으로도 건강 문제없이 잘할 수 있을까? 이 고민은 나뿐 아니라 직업을 가진 모든 이의 숙명이기도 하다.

다음은 예측이 불가능하다는 점이다. 한때 많은 언론에서 AI에 대한 기사가 등장했다. 'AI 때문에 사라질 직업 순위', 'AI 및 로봇으로 인한 2025년 국내 직업 종사자 대체 확률'과 같이 대부분 직업인들을 불안하게 만드는 화두를 던졌다. 기사를 읽으며 잠시 디스토피아적인 상상을 해봤다. 완벽한 조주기법으로 칵테일을 누구보다 잘 만드는 로봇, 빅데이터를 이용해 술과 책 취향을 완벽하게 추천해주는 로봇 등. 물론 바와 서점이 기술적 완결성만으로 찾는 공간은 아니지만 확실히 신경은 쓰인다. 그 외에도 유튜브, 넷플릭스 등 OTT(Over The Top, 인터넷으로 볼 수 있는 TV 서비스)가 발달하면서 집에서 보내는 시간이 점점 더 늘어나고 있다는 점도 무시할 수 없다. 사방팔방 위기 일색이다.

이런 고민들 때문에 삶의 태도가 조금 변했다. 무엇보다도 내 몸은 내가 지켜야 한다는 생각으로 자기관리를 더 열심히 하게 됐다. 몸과 마음을 다스리기 위해 수영과 요가를 시작했고, 너무 덥거나 춥지 않으면 자전거로 출퇴근하며, 채소를 챙겨먹는 등 식이조절도 하려고 노력한다. 재테크도 게을리하지 않는다. 매일 아침 일어나면 먼저 경제뉴스를 챙겨보고, 포트폴리오를 다양하게 구성하여 직·간접 투자도 한다. 노란우산공제 가입을 비롯해 각종 절세방법을 배운 건 물론이다. 매달 정해진 날짜에 개인과 책바의 재무 상황을 점검하는 습관도 생겼다.

그렇다고 무조건 절약만 한다는 뜻은 아니다. 불필요한 소유와 경험을 줄일 수 있었던 건, 어떤 방향의 소비가 나에게 즐거운지 알게 됐기에 가능했다.

앞으로의 방향을 생각할 때도 평소의 고민과 연결시키려 노력한다. 체력 부담이 덜한 방향은 무엇일지, 책바를 어렵게 만들 수 있는 OTT와 AI를 역으로 활용할 방법은 없는지 등. 이렇게 생각을 거듭하다 윤곽이 잡히면 한번 가볍게 시도해본다. 발이라도 담가봐야 그것이 나에게 어떤 의미일지 알 수 있으니까. 수많은 시도를 통해 점을 찍다 보면, 분명 과거의 점과 연결되어 선을 만드는 점도 생길 것이다. 소개팅에서의 부끄러움을 만회하기 위해 시작했던 니플리스가 원하던 회사에 입사하도록 이끌고, 니플리스와 회사에서 일했던 경험이 책바의 원동력이 되었던 것처럼.

책바는 내 일의 종착지가 (아마도) 아닐 것이다. 앞으로 몇 년, 몇 십 년을 더 할지는 모르겠지만 어떤 형태로든 다음 단계가 있으리라고 확신한다. 일찍 성공해서 은퇴하지 않는 한 오랫동안 일해야 할 운명이니까.

돌이켜보니, 서른 이전에는 거의 계획했던 대로 이루는 삶을 살았다. 연초에 목표를 세우고 한 해 동안 실천한 다음 연말에 점검하는 식이었다. 그런데 서른이 넘고 나니 계획은 연초의 마음가짐 그 이상도 이하도 아니게 되었다. 예측하지 못한 수많은 상황이 나타나 나를 어디론가 이끌기 때문이다.

그렇기 때문에 더더욱 나 자신이 어떤 사람인지 알아야 한다. 상황에 휩쓸리지 않고 솔직하게 선택할 수 있으려면 자신을 잘 알고 스스로 단단해져야 한다. 내가 여기까지 올 수 있었던 이유 또한 모두 나를 알기 위한 노력 덕분이었다.

서른이 넘고 나니 계획은 연초의 마음가짐 그 이상도 이하도 아니게 되었다. 예측하지 못한 수많은 상황이 나를 어디론가 이끌기 때문이다. 그렇기 때문에 나 자신이 어떤 사람인지 알아야만 한다. 상황에 휩쓸리지 않고 솔직하게 선택할 수 있으려면 나 자신을 잘 알고 스스로 단단해져야 한다.

저녁 7시, 오픈과 동시에 손님 한 분이 들어왔다. 짧은 머리의 그녀는 영화 〈비포 선셋〉을 인상 깊게 봤는지 서점 '셰익스피어 앤 컴퍼니'의 에코백을 메고 있었다. 그 가방은 책바에서 일주일에 한 번 정도는 꼭 눈에 띌 정도로 인기가 많다(정확히 말하면, 책바의 주된 손님인 책과 영화를 좋아하는 사람들에게 인기다). 가방을 눈에 담는 사이, 그녀는 바의 가장 안쪽 자리에 앉아 압생트를 주문했다.

나는 압생트를 주문받을 때마다 잠시 고민에 빠진다.

이 사람은 압생트가 궁금해서 주문한 것일까, 아니면 좋아해서 주문한 것일까.

보통은 전자가 높은 비율을 차지한다. 반 고흐, 로트렉 같은 예술가뿐 아니라《인간 실격》과《달과 6펜스》에서도 사랑받은 술이니 궁금할 수밖에. 그래서 주문했을 거라는 가정 하에 여느 때처럼 먼저 설명을 했다.

"잠시 압생트가 어떤 술인지 말씀드릴게요. 미나리.쑥과 식물이 원재료라 맛과 향 모두 독특해요. 누구는 고수 향이, 누구는 퐁퐁 향이 난다고도 하죠. 보통 물과 섞어 마시는데 1대 1 비율로 섞어도 도수가 높은 편이에요. 그래서 주문한 분의 90%는 절반도 못 마시고 남기세요. 하지만 나머지 10%는 올 때마다 주문하게 된답니다. 그래도 괜찮으시겠어요?"

그녀는 배시시 웃으며 좋다고 했다. 몇 시간 뒤, 계산대 앞에 선 그녀에게 압생트는 어땠는지 감상을 물었다. 역시나 맛있다는 대답이 돌아온다. 앉았던 자리를 슬쩍 쳐다보니 두 모금 정도만 비워진 압생트가 남아 있다. 90%의 사람들이 그랬던 것처럼.

하지만 내가 그녀였어도 압생트를 주문했을 것이다. 취향과 관계없이, 궁금한 술을 맛보는 경험은 소중하기 때문이다. 술을 다 마시든 남기든 그런 건 중요하지 않다. 마셔보면서 내 취향을 찾아가고, 그러면서 또다시 나를 알아가는 과정이 중요하다. 그렇게 매번 새로운 도전을 통해 나라는 사람과 가까워진다.

책바 문을 나서는 모든 사람에게 건네는 말이 있다. 매번 정말 그랬으면, 하는 마음을 담아 말한다. 마치 트루먼이 아침마다 대문 앞에서 활짝 웃으며 외치는 것처럼.

"좋은 밤 되세요."

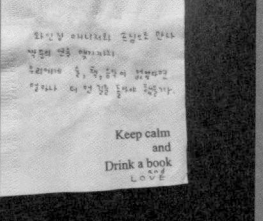